国家社会科学基金项目"收缩型城市的形成机制与优化路径研究"（23CRK002）

中国博士后科学基金项目"后疫情时代人口流动格局与影响机制"（2020M681539）

江苏省社会科学基金项目"疫情影响下江苏人口流动格局与影响机制研究"（20SHC005）

资助

中国人口流动格局
与影响机制研究

范兆媛 ◎ 著

中国财经出版传媒集团

经济科学出版社

Economic Science Press

·北 京·

图书在版编目（CIP）数据

中国人口流动格局与影响机制研究/范兆媛著 . ‐‐
北京：经济科学出版社，2024.4
ISBN 978‐7‐5218‐5692‐7

Ⅰ.①中… Ⅱ.①范… Ⅲ.①人口流动‐研究‐中国
Ⅳ.①C924.24

中国国家版本馆 CIP 数据核字（2024）第 054868 号

责任编辑：周国强 张 燕
责任校对：蒋子明
责任印制：张佳裕

中国人口流动格局与影响机制研究
ZHONGGUO RENKOU LIUDONG GEJU YU YINGXIANG JIZHI YANJIU
范兆媛 著
经济科学出版社出版、发行 新华书店经销
社址：北京市海淀区阜成路甲 28 号 邮编：100142
总编部电话：010‐88191217 发行部电话：010‐88191522
网址：www. esp. com. cn
电子邮箱：esp@ esp. com. cn
天猫网店：经济科学出版社旗舰店
网址：http：//jjkxcbs. tmall. com
固安华明印业有限公司印装
710×1000 16 开 15 印张 230000 字
2024 年 4 月第 1 版 2024 年 4 月第 1 次印刷
ISBN 978‐7‐5218‐5692‐7 定价：76.00 元
（图书出现印装问题，本社负责调换。电话：010‐88191545）
（版权所有 侵权必究 打击盗版 举报热线：010‐88191661
QQ：2242791300 营销中心电话：010‐88191537
电子邮箱：dbts@ esp. com. cn）

前　　言

近年来，中国人口出生率不断走低，2022 年中国人口已经出现负增长。人口问题是国之大者，关乎我国社会经济发展的全局。"一个流动的中国，充满了繁荣发展的活力"。在当前的中国人口发展格局中，以人口高频率、大规模流动为标志的"迁徙中国"形态已是最为重要的特点之一。准确把握人口流动治理体系的发展脉络，明晰当前治理体系在人口流动问题上存在的利弊，对于后续深化人口流动领域的关键性改革，进而优化国家治理体系和释放改革红利都有着重大意义。

人口流动一直是我国城镇化过程中的主要动力之一，"迁徙中国"形态同时也意味着"城镇中国"的形态。2020 年，在 3.76 亿流动人口中，流向城镇的人口规模为 3.3 亿人，占比高达近

88%（邱成荣、邱玉鼎，2023）。大规模的流动人口进入城镇带来的最直观感受就是城镇地区的流动人口能见度越来越高。根据第七次全国人口普查数据，2020 年，在我国城镇人口中，流动人口能见度已经达到了 36.8%，相较于 2010 年的 28.0% 上升了 8.8 个百分点。流动人口能见度的普遍提高，特别是城镇地区的较大幅度上升，充分说明流动人口已经开始成为城镇地区人口的主要构成之一。

改革开放以来，我国人口大量流向经济率先发展起来的东部地区。而随着新型城镇化和西部大开发等一系列国家发展战略的实施，自 2000 年开始，流动人口在区域之间分布朝着更加均衡的方向发展，东部地区虽然仍是流动人口最主要的流入地，但东部地区流动人口的占比在 2020 年已经下降到了 46.9%。与之相对应的是，中部地区和西部地区流动人口占比出现了明显上升，分别从 2000 年的 15.8% 和 22% 上升到了 2020 年的 21.6% 和 24.5%。同时，人口从东部地区回流到中西部地区的现象在近年也逐渐显现。当前的人口流向，已经不仅是由中西部流到东部的迁移流所主导，近年来，中西部的一些城市，因为其良好的发展势头，已经开始成为流动人口新的增长点。

在受教育水平与就业状况呈现出明显的转型升级特征的背景下，教育与就业水平成为释放我国人口质量红利的有利因素。一方面，从受教育情况来看，2020 年，我国流动人口的平均受教育年限为 10.3 年，相较于改革开放初期的 5.6 年有了长足的进步。另一方面，流动人口的人力资本升级也体现在流动人口的就业转变上。改革开放后，随着我国经济结构转型和第三产业快速发展，流动人口的就业实现了从生产到服务的转变。根据第七次全国人口普查数据，流动人口中社会生产服务和生活服务人员占比达到了 41.9%，是所有职业类型中占比最高的。同时，流动人口的就业层次也在不断提升，2010～2020 年，流动人口中专业技术人员的占比从 8.2% 上升到了 13.3%，办事人员和有关人员也从 5.5% 上升到了 8.2%。流动人口自身教育和就业情况的变化，充分反映出流动人口的人力资源禀赋正在不断提升，这也意味着大规模的流动人口不只是过去数量视角下的劳动力，而已经成为流动的人才储蓄池。

流动人口的分布直接关系着劳动力的空间配置，对于我国区域均衡发展有着重大的意义，同时，流向的分布也直接决定了不同地区流动人口对基本公共服务的需求，是动态完善人口流动治理体系的基础。当前我国人口流动所呈现出的空间特点变化，更加凸显了人口流动治理体系对于推动流动人口区域协调布局的重要性，也要求政府和学者持续跟踪、监测，把握流动人口分布和人口流向的最新形势。

流动人口自身完成人力资源禀赋的升级转型，必然也意味着对生活、工作品质有更高的要求，而不仅限于劳动报酬提高。因而，若要充分激发流动人口的积极性和创造性，必然要求持续深化体制机制改革，推动流动人口充分就业、合理就业，能够顺利在城市落户和定居。只有流动人口安居、乐业，才能最终将蕴于其中的人口质量红利释放，形成我国经济繁荣发展的持续活力。

人口大规模流动本质上是在当前地区间发展存在差异的社会发展阶段，人们通过流动促进自身的发展，进而实现对于美好生活的追求。可以说，人口流动就是发展的内在组成部分，对于人口流动的保障和支持，本质上就是对我国人口持续高质量发展的保障和支持。

笔者针对当前我国人口问题，试图通过理论结合实证，揭示我国人口流动的趋势与影响因素。本书研究成果受到了国家社会科学基金项目"收缩型城市的形成机制与优化路径研究"（资助编号：23CRK002）、中国博士后科学基金项目"后疫情时代人口流动格局与影响机制"（资助编号：2020M681539）、江苏科技智库青年人才计划杰出青年专项项目"江苏省人口老龄化的发展趋势与应对策略"（资助编号：JSKJZK2023018）、江苏省科协青年科技人才托举工程项目（项目编号：TJ－2022－058）、江苏省社会科学基金项目"疫情影响下江苏人口流动格局与影响机制研究"（项目编号：20SHC005）、江苏省博士后科学基金项目"国家战略实施背景下南京都市圈人口空间分布变化机理及优化对策研究"（项目编号：2021K233B）等项目的资助。

范兆媛

2023 年 11 月于南京

目　录

| 第 1 章 |

绪　　论

1.1　研究背景与意义

1.1.1　研究背景

我国 2021 年公布的第七次全国人口普查数据显示，2020 年，我国流动人口的数量已达到 3.76 亿人，对比第六次全国人口普查数据，2020 年我国流动人口的数量比 2010 年增加了 1.55 亿人，涨幅在 70% 左右（见图 1.1），全国总人口中流动人口的占比从 2010 年的 16.13% 提升到了 2020 年的 26.6%，人口呈现显著的流动趋势。我国人口变迁先后经历了死亡率下降主导、出生率下降主导、人口迁移与流动主导三个阶段（段成荣等，2019）。当前，我国流动人口的规模在逐步扩大，新型城镇化建设背景下，研究人口流动的格局对城市发展具有重要意义。

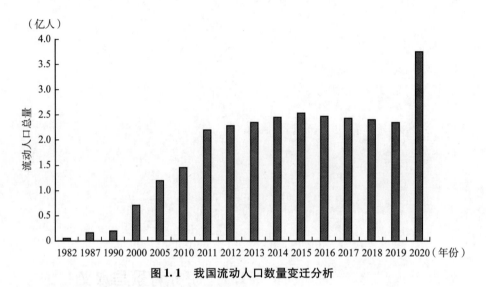

图 1.1　我国流动人口数量变迁分析

资料来源：历年人口抽样调研与人口普查数据。

2017 年至今，武汉、长沙、郑州、西安、南京、成都、济南等城市掀起了"抢人"大战。随着城市"抢人"大战在全国各地蔓延，一二三四线城市纷纷加入其中。2018 年开始，海南、四川、山东、吉林、江西、云南等多个省份也加入了该大战，使得"抢人"大战变得更加激烈。总体来看，人才争夺已覆盖了我国的一二三四线城市。在"抢人"大战的后半段，城市将面临如何"留人"的问题。城市"抢人"是一种针对我国人口存量的行为措施，两者存在此消彼长的关系，城市在"抢人"的过程中应不断提升相应的就业机会与公共服务水平，提升社会福祉，进而留住人口。人口相对较少的城市更要发展城市的产业，提升城市的公共服务水平，进而可以积极有效"留人"。"用脚投票"在一定程度上可以解释人口的流动，一个城市的就业机会越多，相应的公共服务水平越高，就越容易吸引人口流入该城市。城市为了"抢人"，也需要在教育、医疗、就业、住房、创业等领域给出相配套的"留人"政策。因此，研究人口迁移流动的机制是"抢人"大战下城市"留人"的核心。

1.1.2　研究意义

第七次全国人口普查数据显示，我国流动人口总量大幅扩增，从 2010 年的 2.21 亿人增加至 2020 年的 3.76 亿人。以流动人口的户籍身份与流入地作为划分标准，流动人口可以分为四类，分别是：乡—城、城—城、乡—乡与城—乡流动人口。根据第七次全国人口普查数据，我国乡—城流动人口占比高达 66.3%，城—城流动人口占比达到了 21.8%，人口流动的主要形式是乡—城与城—城流动。中国人口流动呈现出新态势、新趋势，给以人为核心的新型城镇化和流动人口社会融合带来了新的挑战和新的要求，研究中国人口流动空间格局与实现机制，对国家与区域在流动人口政策方面进行新的顶层设计和制度安排具有重要意义。

国家发展改革委在《关于实施 2018 年推进新型城镇化建设重点任务的通知》中指出，落实我国 1 亿非户籍人口在城市进行落户。2018 年开始，多个城市已经实施了人口相关规划，人口争夺大战已经开始。目前我国已经面临"人口陷阱"问题，人口对城市的发展发挥着重要作用，有了人的流入，才有了经济和社会的发展。目前更多的城市想吸引人口进入城市发展，想要"抢人"。未来城市间将会面临更大的人才竞争，年轻人口更希望在大城市与城市群发展的趋势会长期存在，在需求高于供给的情形下，城市"抢人"大战如火如荼地进行过程中，研究中国人口流动格局与影响机制，对于城市"留人"机制研究具有重要意义，也是现阶段理论研究的热点问题。

1.2　研究内容与技术路线

1.2.1　研究内容

本书的主要内容是新时代背景下我国人口流动格局与影响机制，涉及中国人口流动格局、影响因素与对策研究。结合前期相关文献研究，通过"提出问题—格局分析—影响机制—政策建议"展开研究。

第一，提出问题。首先，通过分析指出目前人口迁移流动存在的问题，指出研究内容。其次，给出了本书研究相关问题的定义，在相关定义的基础上，给出了人口迁移的相关理论，这些理论的构建为实证研究打下了基础。

第二，格局分析。通过分析人口迁移的历程与分布特征，指出我国人口规模整体提升，人口向东部沿海地区集聚，我国人口区域之间的差距在增加，特别对我国的高学历人才进行了空间分析，我国高学历人口呈现高度集中的空间分布格局，人才在空间上不均衡的分布趋势逐步获得缓解，往"东北—西南"的方向发展。

第三，影响机制。在进行相关的描述分析之后，主要从宏观与微观层面，利用空间分析模型分析我国人口迁移流动的地区差异，并针对不同城市规模的人口迁移流动进行分析，特别是对我国新生代人口的迁移意愿进行了研究。利用 LASSO 方法对变量进行选择，将可能会影响新生代人口迁移意愿的因素进行分类，包括城市人口规模、个体特征变量、收支特征、健康以及社会融合特征变量。利用逻辑回归探索城市规模如何影响我国人口流动。此外，研究流动人口迁移的理论机理，从住房公积金与城市电子公共服务等角度探究人口迁移的路径分析。最后，在相关的研究基础上，总结人口迁移的影响机制。

第四，政策建议。基于人口流动格局、人口流动影响机制的相关研究结论，针对性地提出政策建议。

全书在结构上共分为八章，每一章对应的主要内容如下所述。

第 1 章：绪论。对总体研究进行分析，主要介绍研究背景与研究意义；总结本书研究的主要问题，并绘制相应的技术路线。

第 2 章：相关概念与理论基础。首先，对本书研究使用的相关概念进行界定，包括流动人口、新生代流动人口、高学历新生代流动人口、城市电子公共服务、城市规模。其次，介绍人口流动迁移的相关理论，包括推拉理论、人力资本的相关理论、新经济学的迁移理论、二元劳动力市场的分割理论、社会融合的理论、"用脚投票"理论以及城市最优规模理论，相应理论为其他章节的实证研究提供理论支撑。

第 3 章：中国流动人口迁移历程与分布特征。首先，通过我国的城镇化发展历程，探究我国流动人口迁移的发展历程。其次，采用普查数据探究我国流动人口的分布。我国流动人口的规模整体提升，人口在区域间流动的差异在增加，人口向城市群与中心城市集聚。最后，研究了我国高学历人口的空间分布特征，我国高学历人口呈现出高度集中分布趋势，并且人才分布不均衡问题得到缓解。

第 4 章：人口迁移流动的地区差异与影响因素。利用宏观与微观数据研究了我国流动人口迁移意愿的地区差异。首先，介绍本章的理论框架与数据来源、选取的变量，通过构建流动人口迁移意愿的理论模型，选择影响流动人口迁移意愿的影响因素。其次，探究了空间计量模型，探讨了空间数据、空间权重矩阵，并选择了适合本章研究的具体矩阵，进而检验了数据在空间上的空间相关性。最后，对流动人口迁移意愿进行空间相关性检验，基于前文的理论研究，利用空间模型研究影响流动人口迁移意愿的因素，并相应地提出促进人口迁移的政策建议。

第 5 章：城市规模对流动人口迁移意愿的影响。本章首先研究了城市规模对流动人口迁移意愿的影响。基于 2017 年中国流动人口动态监测数据，利用 LASSO 方法，筛选影响流动人口居留意愿的代表性指标并进行分析，基于我国人口落户政策，探究不同规模城市放松落户政策后，不同规模城市流动人口居留意愿的新特征，弥补现有研究的不足。其次，相比于父代，新生代流动人口更年轻，更希望在城市生活，本章深入探究了城市规模对新生代流动人口居留的影响。基于 LASSO 模型选择可能的影响因素，利用 Logit 模型研究了城市规模对新生代流动人口居留的影响，并进一步探究了个体的差异性。最后，提出了通过针对不同城市规模因地制宜促进流动人口留城的政策建议。

第 6 章：住房公积金对流动人口迁移意愿的影响。本章依据 2016 年全国流动人口卫生计生动态监测调查数据，采用 OLS 和 Logit 模型，研究了缴纳住房公积金对流动人口居留意愿的影响，特别是对城—城与乡—城流动人口的居留意愿进行了研究。研究结果表明，缴纳住房公积金会促进流动人口的居留意愿，加入控制变量及地区虚拟变量后，结果一致。同时，采用倾向得分匹配法，纠正由于选择性所造成的偏误、利用含内生变量的两步 Probit 模型控制可能存在的内生性问题，并采用其他稳健性检验方法，验证了结论的稳健性，并进行了一系列的扩展性研究。最后，针对住房公积金作为我国一项重要的住房保障制度，在降低个人住房成本，促进新型城镇化建设方面具有重要意义的背景下，提出了相应的政策建议。

第 7 章：城市电子公共服务对流动人口迁移流动的影响。在新时代背景下，高技能劳动力在城市经济发展、资源配置、产业结构优化等方面的影响日渐突出，流动人口成为现代化城市高质量发展的基础和重要驱动力。本章基于 2017 年中国流动人口动态监测数据，利用 LASSO 方法筛选出对流动人口居留意愿具有代表性的指标进行分析，依据我国城镇化高质量发展对流动人口和城市电子服务能力的重要需求，结合 2017 年《政府电子服务能力指数报告》，研究电子服务能力对流动人口居留意愿的影响，特别是新生代高学历流动人口与新生代一般学历流动人口的居留意愿，完善和提升新型城镇化发展过程中政府的电子服务能力；同时，结合城镇化高质量发展的需求和发展方向，为流动人口，特别是高学历流动人口的研究提供新的研究视角。

第8章：中国人口流动的机制研究。本章在前文研究成果的基础上加以总结，并提出相应的政策建议。

1.2.2　技术路线

本书技术路线如图1.2所示。

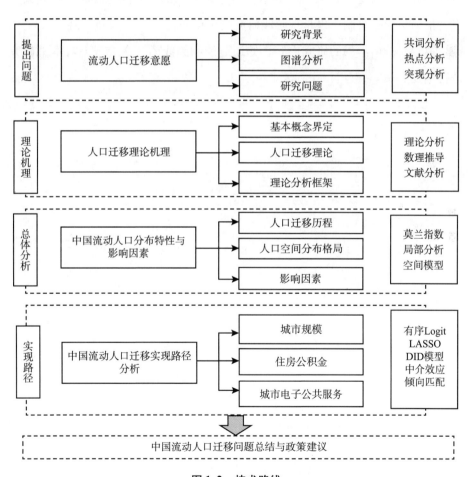

图 1.2　技术路线

1.3　本　章　小　结

本章主要工作如下所述。

第一，从新型城镇化角度出发，指出了本书研究背景与意义，我国流动人口规模逐步扩大，研究人口流动的格局对城市发展具有重要影响。研究人口迁移流动机制是"抢人"大战下城市"留人"的核心问题。研究中国人口流动格局与影响机制，也是现阶段研究的热点问题。

第二，总结本书的研究内容，并通过绘制路线图，在宏观上对本书研究进行把控。

第2章

相关概念与理论基础

2.1 相关概念

2.1.1 人口流动

基于第七次全国人口普查数据，全国人口①中，人户分离人口为492762506人，其中，市辖区内人户分离人口为116945747人，流动人口为375816759人。流动人口中，跨省流动人口为124837153人，省内流动人口为250979606人。与

---

① 全国人口是指大陆31个省、自治区、直辖市和现役军人的人口，不包括居住在31个省、自治区、直辖市的港澳台居民和外籍人员。

2010 年第六次全国人口普查数据相比，人户分离人口增加了 231376431 人，增长 88.52%；市辖区内人户分离人口增加了 76986324 人，增长 192.66%；流动人口增加了 154390107 人，增长 69.73%。

为清晰地阐明人口流动的定义，首先需梳理清楚人口迁移与人口流动的概念。人口迁移和人口流动作为人口移动的两种表述方式，通常均可表示人口在空间地理位置上的变动。国际人口科学研究联盟（IUSSP）关于人口迁移给出了一个公众普遍接受的定义，即人口在不同地区间的地理流动或者空间流动，通常会涉及居住地的永久性变化。在《中国大百科全书》中，将一定时期内人口的永久或半永久居住地在不同地区之间的变动定义为人口迁移。国外对两者并没有进行严格的区分，主要根据地理边界和离开迁出地的时间来划分人口的迁移和流动。在中国，由于我国实行户籍制度，因此，关于人口迁移和流动的概念理解与国外有所差异。在国内，从 20 世纪 80 年代起，诸多学者如张庆五（1988）、段成荣（1999）等分别在空间和时间两个维度上定义了人口迁移和人口流动。国内学界通常认为人口迁移包含户籍或常住地变更半年或一年以上的时间特征及跨区县的空间特征，而人口流动则包含户籍或常住地变更不满半年或一年的时间特征及跨区县的空间特征。通过国内学界对人口流动与人口迁移的概念定义中可以看出，这两者均涵盖空间和时间两个维度，在界定上可能发生空间与时间交错的情况，如空间上发生变更（户籍已变更），但时间上不满足（不到半年或一年的时间），不能对人口的移动进行明确界定。因此，通常情况下，将发生户籍变更的人口移动均统称为人口迁移，而未发生户籍变更的则称为人口流动；更有甚者，将人口移动统称为人口迁移与流动。在国家统计局的定义中，流动人口指常住地与户籍地分离的人口，这部分人口不含市辖区常住地与户籍地分离的人口。因此，在一定程度上，可用户籍来划分人口的迁移与流动。

根据流动人口的户籍身份及流入目的地的城乡类别，可将其流动类型分为以下四类：乡—城流动，乡—乡流动，城—城流动，城—乡流动。城—城流动指的是流动人口的户籍为非农户籍，流入目的地是城镇。

2.1.2 新生代人口迁移流动

自改革开放后，流动人口成为我国城市建设的重要人力资源，同时也是城市经济建设和发展的重要支柱。随着时代的变迁与发展，我国流动人口逐渐以"80 后"和"90 后"为主体，与早期传统的流动人口相比，他们的消费理念和消费方式都产生了新的变化。另外，从广义的角度来讲，大学生也是流动人口的一部分，可将大学生这类人群纳入新生代流动人口的特点之中；此外，关于农民工的子女，由于其自出生起即可能生活在流入地，其外出工作模式和生活方式已与传统意义的农民工发生区别，他们已非传统意义上的农民工。不仅如此，当今社会流动人口的范围变得越来越复杂化和多元化，包括农村流入城市务工的人群，以及为获取更好的生活环境和发展机遇的城—城流动的非农户口人群。因此，通过对"新生代流动人口"的系统研究和分析，按照其空间流动因素，可将其分为"村—城"和"城—城"流动两类。因此新生代流动人口可定义为：1980 年以后出生，在人口普查中年龄不小于 15 周岁，同时户口是外地（县、市）的流动人口。

2.1.3 新生代高学历人口迁移流动

当前我国经济正处于由高速增长向高质量发展嬗变的时期，经济发展模式与产业结构升级正处于关键时期，科技创新是我国发展的核心动力。人才特别是高学历科技型人才是科技创新的核心驱动因素，是推动我国经济发展和社会进步的关键要素。高学历人才是国家强大的基础与立国的根本，是极其重要的国家战略资源。同样，对于城市发展而言，高学历人才是其竞争的关键因素。我国国务院在 2010 年颁布实施《国家中长期人才发展规划纲要(2010~2020 年)》(以下简称《纲要》),其中明确提出人才强国战略,中国要由人力资源大国转向人才强国,在国际竞争中赢得主动。2017 年,党的十九大报告指出:"要坚定实施人才强国战略,培养造就一大批具有国际水平的战略人才、科技领军人才、青年科技人才和高水平创新团队。"我国发布的系列人才政策均表明在区域经济转型时期,政府非常重视高学历人才。最近几年,各地方政府极其重视高学历人才资源,将其视作区域发展的重要力量与支撑,并制定了一系列吸引和留下高学历人才的公共政策,在国内掀起了越来越激烈的"人才争夺"热潮。

自 21 世纪以来,我国的高学历人才呈现显著的增长趋势。2015 年人口抽样调查结果显示,我国人口中有 17093 万人具有大专以上文化程度,与 2010 年相比较,同期增长率为 42.87%。在新生代流动人口定义的基础上,将学历在大专及以上的流动人口定义为新生代高学历流动人口。

2.1.4 城—城人口迁移流动

自 2000 年以来,乡—城人口的流动趋势呈现先增加后减少,而城—城人口流动则呈现持续增加的趋势,2010 年前后增速加快。2000 年乡—城人口迁移流动人数占比为 52.2%,至 2005 年增加到 61.4%,到 2010 年进一步增加至 63.2%,此后则呈下降趋势,到 2015 年下降至 48.9%。城—城人口流动数量的占比率持续增加,2000 年为 21%,到 2015 年则增加至 38%(见表 2.1)。随着我国高等教育普及率的提升,为寻求更好的就业和发展机会,小城镇与中小城市迁移流动到大城市的高学历人口越来越多。除此之外,国家层面制定与发布的相关政策法规同样加速助推了城—城人口流动。

表 2.1 基于普查数据的不同类型流动人口的占比 单位：%

流动人口	2015 年	2010 年	2005 年	2000 年
乡—城	49	63	61	52
城—城	38	21	21	21
乡—乡	7	13	14	19
城—乡	6	3	4	8

注：数据来自中国 2000 年、2005 年、2010 年、2015 年人口普查数据。

2.1.5 电子公共服务能力

随着信息科学技术的快速发展，同时政务理念也在不断演进，政务服务呈现出智能、迅捷、网络和移动的新常态，政务的办事效率与服务质量均获大幅提升，同时，政府的决策也日益透明、科学与民主。此外，社会公众关于互联网技术支撑的政务服务的需求意愿不断增强，如何为企业和公众提供更好的政务服务，保障其对电子服务需求的支撑能力，提升我国政务电子服务水平，成为现阶段我国政府治理能力现代化的重要建设内容。

2015 年 7 月，国务院颁布了《关于积极推进"互联网＋"行动的指导意见》，指出并强调了在加快政府职能转变过程中"互联网＋政务"的积极作用，并提出了深度融合互联网和政府公共服务体系，推动发展公共服务供给的创新性，同时实现服务资源整合，构建一个全面面向公众的一体化在线公共服务体系。国务院在 2016 年 4 月 12 日发布了《2016 年政务公开工作要点》，提出加大政务政策的公开力度，增强对政府政策的解读，不断提高政府公开的实效性，确保人民群众在政务中的知情权、参与权、表达权与监督权，为我国政府深化改革、经济健康持续发展、民生改善及政府建设提供助力。时任国务院总理李克强在 2016 年 9 月 14 日主持召开国务院常务会议，在会议中对"互联网＋政务服务"工作作出部署并明确加快推进政务改革，在更大程度上做到利企便民。2017 年 10 月，党的十九大报告明确指出，要不断促进国家现代化的治理体系与治理能力，增强互联网建设，建立健全网络综合治理体系。2018 年 4 月，第一届数字中国建设峰会在国家网信办、国家发展改革委、工信部等多个部门支持下在福州顺利召开，会上公布了全国 30 个关于电子政务的最佳案例。

根据国家号召，要在我国电子政务服务的发展现状基础上，寻找推进并优化"互联网＋政务"建设的路径，提升我国政府的电子政务服务能力。从"用户体验"的角度作为核心出发点，基于客观公正、可量化与重复的原则，构建政务电子能力测评体系，多方面考虑，从政府门户网站、政务微博、政务微信、政务 App 4 个渠道，对我国（港澳台除外）27 个省级政府、4 个直辖市、334 个地级市政府的电子政务能力进行全面交叉测评和复查，目的是通过促进我国电子政务的"一站式服务"发展，提升政府的政务服务能力，同时提升公众的满意度，最终促进我国电子政务服务的健康发展，实现对公众的全面服务。

（1）电子政务服务能力综合指数通过综合考量政务网站、微信、微博、政务 App 4 个渠道的服务能力构建的综合测评指标，可以更加全面、客观地评价现阶段我国电子政务服务渠道的建设程度。其计算公式如下：

$$EGSAI_c = \sum_{i=1}^{4} \sigma_i EGSAI_i \qquad (2-1)$$

其中，$EGSAI_c$ 为政府电子服务能力渠道综合指数，σ_i 指权重，$EGSAI_i$ 为各渠道政府电子服务能力指数，$i = 1$，2，3，4。

通过综合测评，全国地级市的电子政务服务能力综合指数的平均得分为 51.22，相比 2018 年全国地级市电子政务服务能力综合指数平均值有所提升，但水平仍较低，全国共有 161 个地级市得分超过平均水平，占比近 50%，其中宁波市位列首位，广州、福州、三明和汕头紧随其后，分列第 2 ~ 5 名。[①]

---

① 资料来源：胡广伟等. 政府电子服务能力指数报告（2020）[M]. 北京：中国社会科学出版社，2020.

从各维度来分析地级市政府电子服务能力综合指数，可以看出，在 4 个渠道中，各地市的指数均值大部分低于 60，只有网站指数均值可达到 67.3；其中微博和微信的服务能力指数相对较低，分别为 57.92 和 50；App 得分最低，仅为 26.33（见图 2.1）。

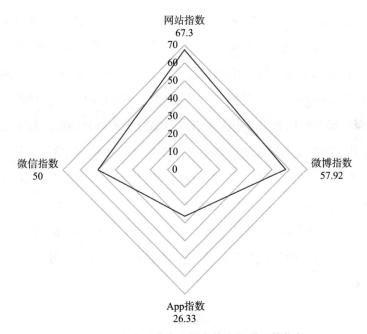

网站指数
67.3

微博指数
57.92

微信指数
50

App指数
26.33

图 2.1　地级市政府电子服务能力渠道总体指数

从各地级市政府电子服务能力综合指数测评得分中可以看出，宁波市最高，其综合指数测评得分为 83.79，其中 85 个地市政府电子服务能力达到相对较高水平，占比为 25.45%，其综合指数测评得分的均值为 66.81；综合指数处于中等水平的地市有 190 个，占比为 56.89%，综合指数测评得分均值为 49.44；综合服务能力明显滞后的地市数量是 58 个，占比为 17.36%，综合指数测评得分均值仅为 33.94。基于各地级市政府电子服务能力综合指数分布可以看出，我国大部分地市政府的电子政务服务渠道仍处于中等建设水平，高水平地级市数量略显单薄，需要进一步加强与重视"互联网＋"政府电子服务能力，同时加快落实相关政策与规程要求，有序推进提升各地方政府政务服务的整体水平。

在图2.2的地级市政府电子服务能力综合指数区间分布中，高代表综合指数得分区间处于80%以上，较高代表综合指数得分区间处在60%～80%，中代表综合指数得分区间处在40%～60%，低代表综合指数得分区间小于40%。在2018版中全国地级市政务电子服务能力综合指数的平均得分为45.60，该得分处于综合指数区间的低水平，2019版则有所提升，综合指数得分为51.22。从各维度来分析地级市政府电子服务能力综合指数，可以看出，在2018版中全国地市4个渠道维度的综合指数得分均值均低于60，在这4个渠道中，服务能力最低的是App，其得分均值仅为26.33，此外，网站和微信则处于水平较低的区间，指数得分分别仅为58.9、47.74。2019年，由于更多地市开始增设渠道，各渠道的指数得分普遍增加，其中，微信与网站均提升近10分，同样App指数得分也有所增加，宁波、广州、福州、三明和汕头依次成为2019版的前5名，其综合指数得分均超过75分。

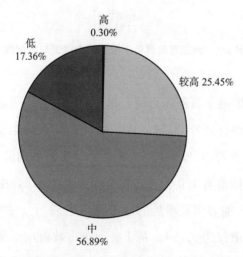

图2.2　地级市政府电子服务能力综合指数区间分布

（2）地级市政府电子服务"双微"指数。"双微"指数指全国各地市政府在微信与微博中的电子服务能力指数，在"双微"指数中，宿迁与佛山分列前两位，综合指数得分均高于 80 分。全国"双微"指数均值为 53.05，处于中等区间水平。从全国该指数区间分布情况来看，如图 2.3 所示，大多地市的微信和微博渠道建设处于较高或中等水平，位于较高区间的地市数量为118 个，占比为 35.33%，位于中等水平区间的地市数量为 160 个，占比为47.9%，高水平的地市相对较少，仅有 2 个地市达到较高水平，占比仅为0.6%；此外，低水平的地市数量为 49 个，占比为 14.67%，5 个地市的"双微"指数为 0，占比为 1.5%，可以看出，在各地市的"双微"建设中，仍需进一步加快落实政务电子服务的政策需求，提升"双微"服务水平。

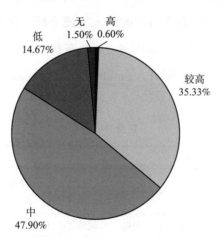

图 2.3 地级市政府电子服务能力"双微"指数区间分布

2.1.6 城市规模

城市是指诸多非农人口居住的相对较小的空间区域。城市大小通常可用城市规模衡量，在国内外的相关研究中，城市规模有多种界定方式，包括人口规模、土地规模、经济规模（见表 2.2）。目前，大部分研究学者采用人口指标评定城市规模。王小鲁（2010）提出，城市的大小可以用城市集中度来反映，即百万以上人口的城市的总人数占所有城市总人数的比重。姚昕等（2017）与陈诗一等（2019）提出，市辖区数据更能显示出城市的特性，因此，他们选择市辖区在年末的人口总量作为衡量城市规模的指标。其他学者考虑更多因素，如傅十和和洪俊杰（2008）采用市辖区非农人口来评判城市规模。此外，我国的全国人口普查数据具有范围广、准确性高的特点，国内学者多采用其作为数据来源，刘修岩等（2017）和李兵等（2019）认为，全国人口普查信息涵盖了城镇常住人口数据，参考价值较高，因此，使用城镇常住人口指标对城市规模进行衡量。潘士远等（2018）选取人口普查数据中的城市劳动力对城市规模进行衡量。柯善咨等（2014）则认为，采用总人口作为指标可能会高估城市规模，而采用非农人口作为指标可能会低估城市规模，因此，将总人口与非农人口同时纳入实证分析，检验实证结果是否差异较大。陈杰和周倩（2017）则采用多个指标来衡量城市规模，包括人均拥有的道路空间、城市总人口、每百人拥有的图书数量、城市农业总产出等。

表2.2   变量的衡量

衡量角度	文献	衡量指标
人口规模	王小鲁（2010）	人口达百万以上的城市人口数占所有城市总人口数的比重
	姚昕等（2017）；陈诗一等（2019）	城市市辖区年末人口数量
	傅十和、洪俊杰（2008）	城市市辖区非农业人口数量
	刘修岩、李松林（2017）；李兵等（2019）	城镇常住人口
	潘士远等（2018）	城市劳动力数量
	柯善咨、赵曜（2014）	市辖区年末总人口、非农业人口
	陈杰、周倩（2017）	城市总人口、每百人拥有的图书数量、城市农业总产出、人均拥有的道路空间等

续表

衡量角度	文献	衡量指标
土地规模	谈明洪和吕昌河（2002）；闫永涛、冯长春（2009）	城市建成区用地面积
	刘涛、曹广忠（2011）	城市建设用地面积
	刘沁萍等（2013）；吴健生等（2014）	夜间灯光遥感数据刻画的城市规模
	何等（2014）	植被、地表温度与夜间灯光等遥感数据刻画的城市规模
经济规模	张忠国、吕斌（2005）	城市人均 GDP
	罗文英、沈文伟（2015）	城市 GDP 总量

还有学者用其他指标来衡量城市的规模，如土地规模、经济规模等。谈明洪等（2003）、闫永涛等（2009）将城市建成区用地面积作为城市规模的衡量指标，并采用位序—规模法则分析了城市规模的变化与分布。刘涛等（2011）将城市建设用地面积作为城市建设规模的衡量指标，将其作为综合反映城市规模特征的指标。刘沁萍等（2013）和吴健生等（2014）结合卫星遥感夜间灯光数据，获得了我国各个城市的用地规模相关情况。何等（2014）通过结合多个遥感数据，包括地表温度、植被以及夜间灯光，对我国城市扩张特征和动态变化趋势进行了评判。以上研究均是基于土地规模方面，对城市规模进行了研究。在经济规模方面也有诸多学者进行了相关的研究，其中，张忠国等（2005）将城市人均 GDP 作为城市规模下经济实力的重要衡量指标，并指出城市持续扩张的必要条件是城市资产规模不断扩大。罗文英等（2015）使用城市 GDP 总量对城市经济规模的总量进行衡量，采用 GDP 增长率来反映经济规模的变化趋势。

2.2　人口迁移相关理论

西方关于人口迁移的研究起步相对较早，目前其人口迁移理论体系已相当成熟。国外关于人口迁移的经典理论如下所述。

2.2.1　推拉理论

推拉理论是人口迁移应用研究中使用最为广泛的理论之一，对人口迁移原因的研究具有重要的指导意义。推拉理论可溯源至拉文斯坦关于人口迁移的七大定律，拉文斯坦（Ravenstein，1976）从人口学的角度对人口迁移的动因进行了解释，并提出人口迁移6项法则，指出驱动人口迁移的核心因素是经济因素。之后，赫伯尔（Herberle，1938）在《乡村—城市迁移的原因》中提出两个核心概念——"推力"与"拉力"，其认为人口在一系列综合因素的作用下作出从乡村迁移到城市的决策，其中既包含迁出地产生"推力"的消极因素又包含迁入地产生"拉力"的积极因素。其后，博格（Bogue，1958）将推拉模型进一步拓展，通过综合分析研究影响人口迁移的原因，获得了12个对人口迁移具有积极效用的影响因素以及6个具有消极效用的影响因素。

李（Lee，1966）在前人的研究基础上提出了相对完善的人口迁移理论分析框架，该理论框架从人口迁移过程视角出发，将影响人口迁移的因素分为迁出地相关因素、迁入地相关因素、迁移过程阻碍因素（包括主观和客观）和迁移者个体特征因素四个层面。同时，他还指出，迁入地拉力与迁出地推力的共同作用是人口作出迁移决策的关键因素。虽然李（Lee，1966）完善了人口迁移推拉理论，但缺乏科学推断与前提假设检验，在应用层面仍有局限性。

2.2.2 人力资本理论

推拉理论偏向于在宏观层面对人口迁移动因进行解释，而人力资本迁移理论则偏向于微观个体层面在相同市场经济环境下分析人口迁移动机。人力资本理论认为人口的迁移决策受到人力资本的影响。年纪相对较小、具有较高文化水平或具有较高技能水平的个体会更早作出迁移决策。人力资本的提出者舒尔茨（Schultz，1961）基于个人预期对劳动力转移的个体微观行为进行了探讨，认为个人和家庭的迁移行为是在追求经济收益的行为下作出的决策过程，当迁移收益高于迁移成本时，个体才会迁移。此外，作为舒尔茨后人力资本理论的重要代表学者贝克尔，他从微观经济学层面研究了家庭生育行为的经济决策与成本效用，并试图通过经济学方法，将个体因素纳入人力资本投入—产出分析框架，包括教育培训、迁移、健康等，并强调了正规教育与在职培训对人力资本形成的影响（Becker，1975）。

2.2.3 新经济迁移理论

目前，我国的人口迁移流动主要以家庭为单位，传统人口迁移理论偏重于分析个体迁移动机，无法有效解释家庭迁移动因。兴起于 20 世纪 80 年代的新经济迁移理论，以家庭为论证对象，论证家庭在迁移决策中的主体意义，指出家庭预期收入最大化以及家庭风险最大限度降低是家庭迁移的主要目的。新经济迁移理论具有三个核心概念：一是"风险转移"，它指的是家庭为了避免收入渠道过于单一，安排至少一个家庭成员外出务工，从而获取家庭稀缺资源，分散家庭风险；二是"经济约束"，多数家庭分配部分成员外出工作，通过获得技术及资金支撑，突破家庭资金短缺的困境；三是"相对贫困"，基于关于墨西哥的研究，斯塔克（Stark，1991）指出，人口迁移的动因主要来源于同群体横向比较后产生的失落感。民瑟尔（Mincer，1978）从多个角度进行实证研究，获得相似的结论，即影响人们最终迁移决策的关键核心因素是家庭。

除上述具有代表性的人口迁移理论外，其他较有影响力的理论包括托达罗模型、二元经济结构理论、投资—收益理论等，它们的侧重点不同，但基本上均是基于西方国家的背景，当其应用于我国人口迁移现象的解释时，应综合考虑具有中国特色的社会主义国情，结合我国的体制与制度环境，以及经济社会转型时期的剧烈变化。

2.2.4 二元劳动力市场分割理论

二元劳动力市场分割理论由皮奥雷（Piore，1979）于1979年提出，它在宏观结构上解释了国际劳动力迁移流动。该理论认为，由于劳动力与资本本身内在的二元性，从而导致劳动力市场呈现二元性结构。发达国家的劳动力市场存在一级与二级市场，二级市场由于工资低、保障低，对本地的劳动力缺乏足够的吸引力，导致倾向于吸引国外移民。由此可以看出，劳动力市场二元分割结构理论框架下，劳动力迁移主要是由流入地的需求"拉"动产生的。

2.2.5 社会融合理论

社会融合理论始于关于欧美国际移民的研究。美国社会融合理论经历了多个发展阶段，依次为文化同化、文化"熔炉"、文化多元、区隔融合，以及边界重构。其中，美国学者侧重于在社会各个层面中，不同的人口族群经过跨越、模糊与重构的过程后，最终形成相同的文化生活（Alba and Nee，2003）；而在欧洲其融合理念则以机会平等为基础，强调文化的多元性，并由政府驱动,这种融合理念使欧洲更侧重于多元文化融合移民政策,使遭受排斥的群体拥有同样的权益,包括合理的机会与资源(Hirschman,1983;杨菊华,2015)。通过分析欧美的社会融合理念,可看出其理念涵盖了多方面的融合,包括经济、社会、文化以及心理,在多方面具有共通性,并注重社会族群的包容性发展(杨菊华和贺丹,2017)。

我国学者基于欧美社会融合理论,根据我国社会主义特色国情对融合的概念提出了相应的理解,目前尚未形成统计结论,但覆盖了多个维度,包含政治、经济、文化、社会以及心理等。学者张文宏等(2008)在四个维度融合中提出融合衡量指标,包含文化、心理、身份以及经济;杨菊华(2009)则在经济整合、文化接纳、行为适应、身份认同四个维度中提出融合衡量;周皓(2012)在五个维度中提出融合衡量,包括经济融合、文化适应、社会适应、结构融合、身份认同。在这五个维度的相互关系上,朱力(2002)认为,流动人口发生社会融合的前提与基础是经济融合,社会适应则代表融合的广度;杨菊华(2015)指出,文化交融与心理认同是流动人口在更深层次融合的体现。

2.2.6 "用脚投票"理论

"用脚投票"理论由美国著名经济学家蒂布特于1956年提出,作为公共选择理论中的经典理论,揭示了公共产品需求偏好表达机制(王敏和聂应德,2015),主要结论是:居民会基于社区所能提供的公共服务以及税负之间的综合考量,流动迁移至最能满足自身偏好的地方(Tiebout,1956)。该理论主要采取了以下四个假设:第一,人口可完全自由流动;第二,居民对各社区提供的公共产品以及需支付税收的差异非常清楚,同时对此差异作出回应;第三,社区之间有差异,公共服务产生的正外部效益及负外部成本不在考虑范围之内;第四,供居民选择的社区数量足够,且充分满足居民的偏好。这一理论在公共服务提供水平差异对人口流动决策及流入地选择的影响研究中广泛应用（Quigley，1985；Rapaport，1997；Dahlberg et al.，2012）。

一些国内学者根据中国实际情况，探讨了在中国该理论的适用情况。刘楠楠（2015）指出，在我国实际背景下，"用脚投票"理论中的人口迁移和需求表达机制缺乏效率，需要改革现行户籍制度，降低和消除区域间的人口流动障碍，实现均等化地方公共服务。何炜（2020）研究发现，我国的部分流动人口在选择流入地时并未表现出偏好公共服务提供能力，与"用脚投票"理论不一致。通过进一步研究流入地公共服务供给水平对异质性流动人口流入地选择的影响，发现我国流动人口的"用脚投票"机制呈现一个群体分化，该分化的标志为流动人口的受教育程度，其群体分化的原因表现在流动人口的个体特征与适用政策下公共服务的可得性差异。

2.2.7 城市最优规模

综合考虑规模经济与规模不经济两者之间的差异，城市规模可能会存在一个最优的规模，学界对此展开了深入广泛的探讨。国内外相关文献分别从理论和实证角度进行了相关的论证和检验（见表2.3）。梁婧等（2015）在理论上指出，伴随人口集聚，劳动力匹配、知识技术共享以及学习等方面的优势会进一步增强集聚效益。然而，当人口集聚度过高时，城市成本会激增，如地租、交通等，反而会抑制城市规模继续扩张。因此，规模经济与规模不经济两者的综合影响会最终决定城市的最优规模。王垚等（2017）通过研究国内外相关文献总结得出，资源集聚度在较低水平时，城市很难形成规模经济，而当集聚度过高时，则会导致过多的资源用于非生产性活动，导致资源配置不合理，无法有效促进经济发展。陈杰和周倩（Chen et al.，2017）在实证上发现，劳动生产率与城市规模呈正"U"型影响，当服务业份额高于工业份额时，该影响更为明显。弗里克等（Frick et al.，2018）通过研究全球 113 个国家的发展情况，发现在大多数国家，当城市人口数量低于 300 万人时，其更易取得令人瞩目的经济成就，而当城市人口数量达到 2850 万人时，城市规模才能有效促进当地经济。王垚等（2017）通过研究发现，基于正、负外部效应，我国城市规模与人均产出呈倒"U"型影响，考虑到各类产业的吸纳能力具有异质性，实现经济最大产出所对应的最优城市规模受到产业结构的制约。王俊和李佐军（2014）则发现，城市中拥挤效应的降低率决定了城市最优规模所能实现的最佳增长率。王小鲁和夏小林（1999）经过分析指出，由于不同规模城市存在差异化的集聚效益和外部成本，城市人口数量在 100 万～400 万人时是最大化实现集聚净收益的最优城市规模，这一研究结论在实践层面为我国城市建设提供了有力指导。

表 2.3 城市最优规模相关研究

研究角度	文献	主要内容
理论分析	梁婧等（2015） 王垚等（2017）	城市最优规模的实现受制于集聚经济，集聚度过低和过高都不能发挥集聚经济效应
实证分析	陈杰和周倩（Chen et al.，2017）	劳动生产率受到城市规模正"U"型影响
	弗里克等（2018）	在多数国家，城市人口低于 300 万人或超过 2850 万人时，城市规模才能推动经济增长
	王垚等（2017）	我国人均产出受城市规模的倒"U"型影响，而最优规模会受制于产业结构
	王俊和李佐军（2014）	拥挤效应的降低率决定城市最优规模能够实现的最佳增长率
	王小鲁和夏小林（1999）	实现集聚净收益最大化的最优城市规模大致处于 100 万～400 万人范围内

2.3　本章小结

　　本章主要给出了相关概念的定义，并给出了人口迁移的相关理论。首先，总结并给出了人口流动、新生代人口流动、高学历人口流动、电子服务能力等相关概念，为后面相应的研究奠定基础；其次，总结国内外经典的人口迁移理论，比如推拉理论、人力资本、新经济迁移、劳动力市场分割、社会融合、"用脚投票"以及城市最优规模等理论，为后面的研究打下理论基础。

| 第3章 |

中国流动人口迁移历程与分布特征

3.1 城镇化与流动人口
迁移的历程

3.1.1 城镇化的发展历程

3.1.1.1 世界城市化发展历程

世界的城市化进程可以分为三个阶段，工业革命前期是世界城市化发展的第一个阶段，这一阶段城市的数量相对少，规模小，城市人口占比也很小，这个阶段的城市化发展进程最长；第二个阶段就是工业社会时期，18世纪中期开始，随着工业化浪潮的不断推动，城市化进入了全新的发展阶段，此时城市化的发展速度超过以往的任何时期，城市数量骤增，规模扩大；第二次世界大战后是城市化发展的第三个阶段，这一阶段世界城市化进程不断提速，城市化发展形成世界规模。诺瑟姆（Northam，1979）通过进行一系列的实证研究发现城市化的不断发展演变的过程具有阶段性的规律，其呈现出一条"S"形曲线，也被称为"城市化过程曲线"，该曲线如图3.1所示。

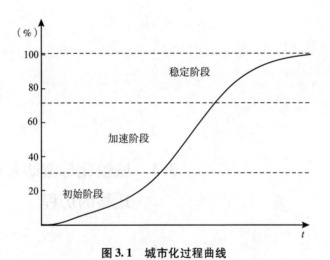

图3.1　城市化过程曲线

上述曲线将城市化发展演进的过程分为三个阶段，即：初始阶段、加速阶段以及稳定阶段。初始阶段表现为：当城市化水平达到了10%之后，城市化发展进程启动，此时的城市发展水平相对较低，增长速度也缓慢，这一阶段经历的时间也比较长，随着城市化水平的不断提高，当城市化水平达到30%后就进入城市化的加速发展阶段。加速阶段表现为：城市化率达到了30%，且随着工业化发展速度的快速推进，第二产业逐渐成为国民经济发展的主导力量，第三产业所占的比重逐步上升。随着城市规模的扩大，城市的人口数量极速增加，整体上城市化进程呈现不断加快的趋势，但同时也会造成交通拥堵、住房需求扩张、环境进一步恶化等问题，但当城市化率达到60%后，城市化的发展就会慢慢趋于缓和，进入下一个发展阶段。稳定阶段：随着城市化率超过60%后，以发展第三产业及高新科技产业为主，城市中人口的增长速度缓慢甚至停滞，此时，城市人口增长的速度处于第三阶段，即稳定发展阶段，这时城乡收入差距缩小，也有可能会出现"逆城市化"发展的现象。

3.1.1.2 中国城镇化发展历程

新中国成立以来，对城镇化的不断探索与实践的过程中可以把1978年作为分界线，则城镇化发展就有两个比较大的发展阶段：改革开放前，1949～1978年，第一个时期可以看作计划经济体制下城镇化水平不断发展的时期；改革开放后，也就是1979年至今，这段时间是经济市场化改革中城镇化水平不断发展的时期。

1978年以前也就是改革开放以前，城镇化发展包括自上而下的制度发展的第一个阶段与城镇化不断起伏波动发展的第二个阶段。第一个阶段指在计划经济体制时期，包括产业发展制度、经济要素流动制度以及城市建设发展投资制度在内的所有与城镇发展相关的制度之和，其中经济要素流动制度涵盖了城乡之间人口流动制度、农产品统一购买与销售制度，以及农产品与工业产品之间的价格差制度等。在新中国成立之初，面临着自主发展国民经济体系与高速推进工业化发展的双重目标，将计划经济作为基础，坚持政府为主导，重工业优先发展的发展战略。与城镇化制度发展及战略相适应，形成城市建设中城乡人口、户籍、就业等相关的制度，最终导致了城乡二元结构的形成。这一阶段的城镇化表现出曲折、反复以及发展水平提高相对比较慢的特点，具体又可以把这一阶段分为六个不同的阶段，如表3.1所示。

表 3.1 　　　　　　　　　1949～1978 年城镇化水平的变化状况

发展阶段	年份	总人口数 （亿人）	城市人口 （亿人）	城镇化率 （%）	城镇化率增长 水平（%）	各阶段城镇化年 均增长率（%）
第一阶段	1949	5.4167	0.5765	10.64		0.67
	1950	5.5196	0.6169	11.18	0.53	
	1951	5.6300	0.6632	11.78	0.60	
	1952	5.7482	0.7163	12.46	0.68	
	1953	5.8796	0.7826	13.31	0.85	
第二阶段	1954	6.0266	0.8249	13.69	0.38	0.085
	1955	6.1465	0.8285	13.48	-0.21	
第三阶段	1956	6.2828	0.9185	14.62	1.14	1.25
	1957	6.4653	0.9949	15.39	0.77	
	1958	6.5994	1.0721	16.25	0.86	
	1959	6.7207	1.2371	18.41	2.16	
	1960	6.6207	1.3073	19.75	1.34	
第四阶段	1961	6.5859	1.2707	19.29	-0.45	-0.97
	1962	6.7259	1.1659	17.33	-1.97	
	1963	6.9172	1.1646	16.84	-0.49	
第五阶段	1964	7.0499	1.2950	18.37	1.53	1.53
第六阶段	1965	7.2538	1.3045	17.98	-0.39	-0.03
	1966	7.4542	1.3313	17.86	-0.12	
	1967	7.6368	1.3548	17.74	-0.12	
	1968	7.8534	1.3838	17.62	-0.12	
	1969	8.0671	1.4117	17.50	-0.12	
	1970	8.2992	1.4424	17.38	-0.12	
	1971	8.5229	1.4711	17.26	-0.12	
	1972	8.7177	1.4935	17.13	-0.13	
	1973	8.9211	1.5345	17.20	0.07	
	1974	9.0859	1.5595	17.16	-0.04	

发展阶段	年份	总人口数（亿人）	城市人口（亿人）	城镇化率（%）	城镇化率增长水平（%）	各阶段城镇化年均增长率（%）
第六阶段	1975	9.2420	1.6030	17.34	0.18	−0.03
	1976	9.3717	1.6341	17.44	0.09	
	1977	9.4974	1.6669	17.55	0.11	
	1978	9.6259	1.7245	17.92	0.36	

资料来源：依据国家统计局官网的数据计算而得。

依据经济不断发展的特点，1949～1978 年这段时期的中国城镇化水平分为六个不同的发展阶段。表 3.1 给出了相关的数据，第一阶段为 1949～1953年，其中城镇化率由 1949 年的 10.64% 增加到 1953 年的 13.31%，第一阶段平均年均城镇化率提升 0.67 个百分点；第二阶段为 1954～1955 年，这个阶段城镇化处于停滞状态，这一阶段的城镇化率在 13.48%～13.69%，年均城镇化率为 0.085%；第三阶段为 1956～1960 年，城镇化率由 1956 年的 14.62% 增加到 1960 年的 19.75%，这一阶段属于城镇化水平快速增长的阶段，年均城镇化率提升 1.25%。"一五"期间经济相关工作顺利开展，但关于建设社会主义的相关经验不足，制定了超出实际能力的计划指标，工业膨胀发展，大量的农业劳动力不断进入城市，向非农产业转移，引起城镇数量与人口急剧增加，城镇化率急速增长，城镇化水平的快速增长为下一阶段城镇化水平的发展埋下了隐患；第四阶段为 1961～1963 年，这一阶段的城镇化水平没有增长反而降低了，称为反城镇化，城镇化率由 1961 年的 19.29% 减少到 1963 年的 16.84%，城镇化率平均年减少率为 0.97%。"大跃进"之后开始对其进行调整，由于受"大跃进"及三年困难时期的影响，农村的劳动力大幅减少，农业损失严重，但是城市的基础设施、农副产品都无法满足快速增长的城镇人口的需求，无法满足城镇人口的生活。

为了应对出现的各种问题，中央对各级政府进行要求，限制农民进入城市就业，这样城市与农村之间的劳动力无法自由流动。从1961年开始调整经济的发展，主要是大批的城市职工返回农村，这样劳动力就出现向农村的"逆向转移"。1961年中央工作会议中提出了《关于减少城镇人口和压缩城镇粮食销量的九条办法》，办法中提出争取在3年的时间里减少2000万以上的城镇人口。1963年颁布了关于城镇设置的新标准，提高镇设置标准，撤销一切不符合标准的建制镇。这些措施都促进了城镇数量及城镇人口数量的减少，从而降低了城镇化率。基于表3.1，1963年底，城镇人口相比1960年减少了1427万人口，城镇化率也由1960年的19.75%下降到了1963年末的16.84%；1964年为经历前一阶段的降低后的增长阶段，也就是第五阶段，这一阶段的城镇化率为18.37%，城镇化率增加了1.53%，属于猛增阶段；第六阶段为1965～1978年，这一阶段的城镇化率处于停滞与衰退的阶段，这一阶段的城镇化率在17.5%左右徘徊，变化不是很大，这一阶段处于"文革"及其后的整顿阶段。

改革开放（1978年）之后，为市场经济条件下的中国经济社会发展注入了新的动力，是中国改革开放及社会主义市场经济体制逐步建立的阶段。随着中国经济体制改革逐步深化，中国经济快速增长，城市中二三产业快速发展，进而推动了城镇化发展，为城镇化进一步发展注入了动力，结束了改革开放前城镇化的倒退和徘徊发展，中国城镇化发展水平进入了一个加速稳定增长的发展阶段，表3.2中将城镇化分为三个发展阶段。

表3.2　　　　　　　　　1979～2022年城镇化水平的变化状况

发展阶段	年份	总人口数（亿人）	城市人口（亿人）	城镇化率（%）	城镇化率增长水平（%）	各阶段城镇化年均增长率（%）
第一阶段	1979	9.754	1.850	18.96		0.86
	1980	9.871	1.914	19.39	0.43	
	1981	10.007	2.017	20.16	0.77	

发展阶段	年份	总人口数（亿人）	城市人口（亿人）	城镇化率（%）	城镇化率增长水平（%）	各阶段城镇化年均增长率（%）
第一阶段	1982	10.165	2.148	21.13	0.97	0.86
	1983	10.301	2.227	21.62	0.49	
	1984	10.436	2.402	23.01	1.39	
第二阶段	1985	10.585	2.509	23.71	0.69	0.55
	1986	10.751	2.637	24.52	0.82	
	1987	10.930	2.767	25.32	0.79	
	1988	11.103	2.866	25.81	0.50	
	1989	11.270	2.954	26.21	0.40	
	1990	11.433	3.020	26.41	0.20	
	1991	11.582	3.120	26.94	0.53	
	1992	11.717	3.218	27.46	0.52	
	1993	11.852	3.317	27.99	0.53	
	1994	11.985	3.417	28.51	0.52	
	1995	12.112	3.517	29.04	0.53	
第三阶段	1996	12.239	3.730	30.48	1.44	1.34
	1997	12.363	3.945	31.91	1.43	
	1998	12.476	4.161	33.35	1.44	
	1999	12.579	4.375	34.78	1.43	
	2000	12.674	4.591	36.22	1.44	
	2001	12.763	4.806	37.66	1.44	
	2002	12.845	5.021	39.09	1.43	
	2003	12.923	5.238	40.53	1.44	
	2004	12.999	5.428	41.76	1.23	
	2005	13.076	5.621	42.99	1.23	
	2006	13.145	5.829	44.34	1.35	
	2007	13.213	6.063	45.89	1.55	
	2008	13.280	6.240	46.99	1.10	

发展阶段	年份	总人口数（亿人）	城市人口（亿人）	城镇化率（%）	城镇化率增长水平（%）	各阶段城镇化年均增长率（%）
第三阶段	2009	13.345	6.451	48.34	1.35	1.34
	2010	13.409	6.698	49.95	1.61	
	2011	13.492	6.993	51.83	1.88	
	2012	13.592	7.218	53.10	1.27	
	2013	13.673	7.450	54.49	1.39	
	2014	13.765	7.674	55.75	1.26	
	2015	13.833	7.930	57.33	1.58	
	2016	13.923	8.192	58.84	1.51	
	2017	14.001	8.434	60.24	1.40	
	2018	14.054	8.643	61.50	1.26	
	2019	14.101	8.843	62.71	1.21	
	2020	14.121	9.022	63.89	1.18	
	2021	14.126	9.143	64.72	0.83	
	2022	14.118	9.207	65.21	0.49	

资料来源：依据国家统计局官网的数据计算而得。

1979~1984 年属于城镇化的快速发展阶段，这一阶段城镇化率由 1979 年 18.96% 增长到 1984 年的 23.01%，其中平均年增长率为 0.86%，这一阶段的发展以农村经济体制的不断改革作为发展的主要推力，农村生产承包责任制及产业结构的不断调整一起推动了城镇化水平的发展。中共十一届三中全会中做出将经济建设作为党和国家发展的工作重心的决定，在 1979 年召开的全国人大第五届二次会议中，确定了"调整、改革、整顿、提高"的发展总方针，全面进行经济调整工作。首先，对农村进行政策调整，其中包括实施家庭联产承包责任制，提倡多方面经营，逐渐放开农贸市场，通过系列政策调整提高农民的积极性。其次，加速轻工业发展，逐渐对产业结构进行调整，使工业和农业协调发展，重工业与轻工业逐步趋于协调发展。

第二阶段为 1985～1995 年，属于城镇化稳定发展阶段。1984 年，中共十二届三中全会提出的《中共中央关于经济体制改革的决定》，指出增强经济体制改革之必要性与紧迫性，并明确指出加快经济体制改革的方向、任务以及方针政策。其后，我国中央政府以经济战略全局为出发点，逐步出台了具体的方针政策，自 1985 年始，我国逐渐展开了更全面的经济体制改革，逐步打破了原来的计划经济体制，为国民经济的发展注入了新的生机和活力，国民经济逐步走上了可持续发展的道路。这一阶段城镇化率从 1985 年的23.71% 增加到 1995 年的 29.04%，年平均增长率为 0.55%，城镇化水平稳定增长。

第三阶段是从 1996 年至今，这一阶段属于在全面推进市场化改革背景下城镇化水平快速增长的阶段。城市的建设、发展以及经济开发区的建立都为推动城镇化水平的发展提供了动力，城镇化率由 1996 年的 30.48% 增长到2022 年的 65.21%，其中年均城镇化率增长了 1.34%。这一阶段中国经济高速增长，各级政府对户籍限制逐步放松或者放开，城镇化水平步入了加快发展阶段。经济高速增长的主要原因是城镇建设投资的高速扩张。城镇化水平的不断提高主要表现在：各个城市在空间布局上不断扩张加快了中国的土地城镇化水平；各个大、中、小城市的不断兴起引起了开发区建设的高潮，为进一步发展各个地方的经济，吸引外商进行投资，开发区及工业园区大量兴建，这都对农村劳动力产生了强大的需求；全国各地乡镇企业快速增加，产值增加，出口以及农村剩余劳动力都推动了国民经济的发展；还有一部分城市主要通过撤县设区、将居民户籍身份进行转变等一些方式人为地增大城镇人口的比例；随着农村的推动、城镇的不断拉动以及国家有关政策的共同影响下，大量的农民进城打工，大量农村剩余劳动力向非农产业转化。自 1996年来，随着我国人口的不断迁移和流动速度的不断加快，城镇数量与规模不断扩大，造成了城镇人口数量的迅速增加，中国的城镇化进入加速发展的阶段。自 2011 年开始，城镇人口数量第一次超过了农村人口，城镇化率也达到了 51.83%，自 2011 年开始就进入了以城市人口为主体的新时期。2022 年城镇化率达到了 65.21%，比 1996 年的城镇化率增加了 34.73%，这一阶段的年均城镇化率增长水平也高达 1.34%。经济的不断发展与城镇化水平的不断提高进一步形成与发展了包括珠三角、长三角以及京津冀等在内的城市群，城市群逐步变成区域经济发展的中心。目前中国的城镇化水平还处在快速发展的阶段，但城镇化水平的增速可能会慢慢趋缓，城镇化进一步的发展重点将由数量上的增加逐步转向质量上的提升。

1996~2022 年，中国的城镇化率高速增长，但高速增长中偏向于重视量的提升而忽视了城镇化质的提升。虽然统计意义上的城镇人口数量大量增长，但能够享受到更多的基本公共服务的人口却没有同等比例增长。被统计人口中，还有一部分是在城镇中居住六个月以上的居民，他们也被纳入城镇化率的计算中，拉动了城镇化率的提升，也有部分地方为了加快本地的城镇化水平，把一些区域如郊区等划为城镇区域，人为地增加了城镇化水平，但这些地方的产业没有得到发展，甚至有的地方为了达到城镇化发展的要求，人为地把农业户口改为城镇户口，这些人虽然是城镇户口，却无法得到国家关于农业的补贴也无法享受到城镇居民的待遇。另外，城镇土地盲目的扩张并没有为城市带来人口在相应区域的集聚，也没带来产业的集聚。大规模地盲目扩大用地，虽然用地面积不断增大，但却没有产业发展的支撑，这样可能会出现城市是空壳的现象。

中国自从改革开放以来，走的是传统的城镇化道路，主要是以规模扩张为主，将经济的不断增长作为追求的目标，坚持地方政府主导，将工业化的发展作为主要的线路，这种城市化是一种高成本且低效益的，这样就会出现结构失衡等问题。就目前中国的状况而言，经济环境变化较大，资源与环境约束趋紧，传统城镇化的发展模式比较困难，不断加快中国的城镇化转型，提高城镇化的发展质量是目前急需解决的问题。

3.1.1.3　新型城镇化

党的十八大报告中第一次提出了新型城镇化，这也表明国家层面已经高度关注城镇化的发展。李克强指出："扩大内需，推进以人为核心的新型城镇化"①。城镇化是现代化道路的必经之路，破除城乡二元结构需要城镇化发展作为重要依托。逐步健全城乡发展一体化，走一条以人为本、四化同步、优化布局、生态文明、传承文化的新型城镇化发展道路。2014 年政府工作报告中指出了今后一个时期的主要工作：着重解决好现有"三个 1 亿人"问题，第一个是约 1 亿农业转移人口落户城镇，第二个是改造约 1 亿人居住的城镇棚户区和城中村，第三个是引导约 1 亿人在我国的中西部地区就近城镇化。《国家新型城镇化规划（2014~2020 年)》按照中国走新型城镇化道路、全面提升城镇化发展的质量作为新要求，明确了未来中国城镇化的发展路径、主要目标以及战略任务。因此，新型城镇化已经成为中国城镇化发展的转型方向，也是推动中国经济社会转型的重大抉择。在改革开放时期，城镇化既是保障经济高速增长和维持社会稳定的重要结合地，又是充分分享经济社会发展和改革成果的汇聚地。自 2020 年我国全面建成小康社会后，我国迈入全面建设社会主义现代化国家的新征程。在贯彻实施"创新、协调、绿色、开放、共享"的新发展理念，构建国内大循环为主题、国内国际双循环相互促进的新发展格局，实现"十四五"期间经济社会六大主要目标与 2035 年远景目标的进程中，推动落实以人为核心的新型城镇化建设是重要的战略部署和实施路径。

我国在新型城镇化的发展建设过程中突出以人为核心，不仅是我国在改革开放后城市发展中取得的重要经验，也具有现实针对性。自改革开放后，我国城镇化发展迅速，堪比经济增长的速度。从 1979 年至 2022 年，我国城

---

① 资料来源：《2014 年政府工作报告》，中央政府门户网站，https：//www. gov. cn/zhuanti/2014 - 03/07/content_2632462. htm。

镇人口的比例由 18.96% 增加至 65.21%，放眼整个世界经济史，这一速度明显高于所有重要经济体的城市化速度。在这一城镇化过程中，劳动力及其相关的多种要素的流动促进了资源的配置效率，对我国经济高速增长作出了突出的贡献，此外，改革开放的发展成果也通过人口的社会性流动获得了广泛关注。

截至目前，中国的城镇化进程主要通过农村流动劳动力在城镇定居与就业促进，但是，我国的户籍制度尚未完成改革，大多数农民工并未取得城镇户籍，导致我国在城镇化过程中出现常住人口城镇化率和户籍人口城镇化率存在差异。2010 年我国常住人口城镇化率和户籍人口城镇化率分别是 50.0% 和 34.2%，这说明我国这个时期的城镇化过程是不完整的，农民工与其家庭成员并未享受到同等的城市基本公共服务。针对此种情况，在党的十八届五中全会中，"户籍人口城镇化率加快提高"的要求被明确提出，在 2022 年，我国的常住人口城镇化率和户籍人口城镇化率均提升了 10 个百分点，分别达到 60.6% 和 44.4%，但两者之间仍有 16% 的差别。①

在这一城镇化期间，行政区划口径的改变是户籍人口城镇化率提高的主要原因，比如县改市（区）、乡改镇，以及村改居（村委会改居委会）等方式，并非以农民工的市民化作为主体。常住人口城镇化率与户籍人口城镇化率之间的显著占比差异说明我国有 2.24 亿居民是没有城镇户籍的常住城镇居民，其中农民工约有 1.35 亿人。因此，推进新型城镇化的关键是要以人为核心，确切地说是以提高城镇人口比重为目标的城镇化。由于农民工未获得城镇户口是导致常住人口城镇化率与户籍人口城镇化率差异的主要原因，因此，聚焦农民工市民化是推进新型城镇化的主要任务。第七次全国人口普查数据显示，中国的流动人口已经达到 3.76 亿人，在新型城镇化的背景下，如何吸引人口成为今后的努力方向。

① 国家统计局：《中华人民共和国 2022 年国民经济和社会发展统计公报》。

3.1.2 流动人口的发展历程

王桂新（2019）认为，可以将新中国成立 70 年对应的人口迁移分成两个阶段，以中共十一届三中全会的顺利召开为界，具体分为改革开放前和改革开放后两个阶段。改革开放以前，由于我国实行的是计划经济体制，这一阶段人口的迁移主要受到计划经济的约束；改革开放以后，我国实行社会主义市场经济体制，人口的迁移在这一阶段体现为市场化特征。因此，本章基于这两个阶段分析我国流动人口迁移的两个历程。

3.1.2.1 改革开放前我国人口迁移的历程分析

1949～1952 年，我国人口以自发性迁移为主。在新中国成立初期的首要任务是恢复经济发展，但这一阶段我国的户籍制度还没建立，相关法律都允许人口自由流动，这一阶段人口流动相对比较活跃（王桂新，2019）。

1953～1977 年，国家对人口进行了严格管控，人口流动受到限制。1953年开始，随着第一个五年计划的实施，农村剩余劳动力会逐步流入城市。但城市所需的劳动力是给定的，此时很多农村劳动力处于待业状态，随着这种现象的出现，政府制定了政策限制人口的流动，一系列政策的出现导致了农业劳动力的数量增加，从 1953 年到 1957 年，农业劳动力从 1.77 亿人增加到 1.93 亿人[①]。

在这一阶段，我国城乡二元体制逐步形成（黄祖辉和胡伟斌，2019），户籍制度与配套也逐步完善（李厚刚，2012）。总的来说，这一阶段人口呈现农村到城市再到农村的一种新型迁移模式（王桂新，2019）。人口迁移主要受到政府的影响，主要是城市招工、高考分配、参军等方式（谯珊，2017；

---

① 资料来源：《新中国六十年统计资料汇编》。

陈咏媛，2019)，农民很难进行自主流动。

3.1.2.2 改革开放至今的人口迁移历程

1978~1983年，在改革开放的初始时期，人口处在就地转移阶段。自
1978年我国家庭联产承包责任制的实行，农村剩余劳动力得以解放，这一阶
段国家允许私人进行投资办厂，也允许私人经营企业，随着乡镇企业逐步增
多，大量的剩余劳动力进入企业就业（黄祖辉和胡伟斌，2019)。但是，随
着知识青年返乡，城市的就业岗位不足（陈咏媛，2019)。因此，关于限制
农村劳动力往城市转移的政策就逐步实施。

1984~1991年，人口以就地转移为主，这一阶段人口流动开始放缓。我
国深化经济体制改革，城市需要更多的劳动力，这一阶段，城乡二元结构逐
步打破。1985年，我国开始实行暂住证制度，发达地区用工短缺逐步获得了
缓解。随着人口涌入城市，城市的就业、管理都面临更大的挑战。国家又开
始限制人口的流动，1989~1991年，农民工逐步减少了外出。由于城镇化发
展中会产生成本，政府更希望人口可以就地转移。

1992~2000年，人口流动从就地转移转向异地转移。1992年确立的社会
主义市场经济体制使城市劳动力市场的供需关系有了积极的改变，基于此背
景，推动农村劳动力跨省流动的政策逐步实施，小城市同步实施户籍制度改
革，保障农村劳动力的异地转移。20世纪90年代，农村劳动力就地转移制
度在大力推进城镇化的背景下日趋完善。

2001~2011年，我国的劳动力转移转向异地转移。随着全球化的发展，
我国社会经济受到一定影响，劳动力从中西部开始向东部地区流动。与20世
纪90年代相比，政府开始关注劳动力的异地转移。自2012年至今，以劳动
力转移为主。党的十七大以来，以推进"新型城镇化战略"并促进我国劳动
力合理流动，促进人口市民化为主，这一阶段国家控制大城市的人口规模，
逐步放开中小城市人口的落户。但当人口进入城市却没有城镇户口时，他们

所获得的公共服务有限，他们的消费、生活都受到限制。

表 3.3 显示的是在年龄与时间都给定的条件下，每年人口迁移的趋势变化。在 1978 年改革开放后，人口的迁移率开始上升，跟 1977 年相比，1978 年、1979 年、1980 年对应的人口迁移量增加了 0.6 倍、0.9 倍和 1.6 倍。在 20 世纪 80 年代，我国人口迁移率比较平稳，人口迁移虽然与 1980 年比有所降低，但高于 1977 年。90 年代，迁移率开始加速上升，人口迁移率从 90 年代初期的 2 以上开始逐步上升到 90 年代后期的 3 以上。进入 21 世纪以后，人口迁移率开始展现高速增长的趋势，迁移比例后期超过了 5。根据刘金菊（2021）的研究，我国人口迁移性别比从 1990 年前的 1.88 降为 90 年代的 1.65，2000 年降到了 1.25。

表 3.3   中国人口迁移趋势的离散时间泊松模型

变量	系数	变量	系数	变量	系数
年龄	−0.023 ***	年龄平方	−0.034 ***	1975	0.408 ***
1976	0.600 ***	1978	0.438 ***	1979	0.662 ***
1980	0.949 ***	1981	0.686 ***	1982	0.802 ***
1983	0.736 ***	1982	0.734 ***	1983	0.736 ***
1984	0.734 ***	1985	0.770 ***	1986	0.836 ***
1987	0.791 ***	1988	0.788 ***	1989	0.634 ***
1990	0.954 ***	1991	0.488 ***	1992	0.888 ***
1993	0.827 ***	1994	0.949 ***	1995	1.170 ***
1996	0.945 ***	1997	1.152 ***	1998	1.209 ***
1999	1.139 ***	2000	1.796 ***	2001	1.200 ***
2002	1.393 ***	2003	1.545 ***	2004	1.422 ***
2005	1.726 ***	2006	1.514 ***	2007	1.700 ***

续表

变量	系数	变量	系数	变量	系数
2008	1.744 ***	2009	1.970 ***	2010	2.123 ***
2011	2.028 ***	2012	2.043 ***	2013	2.095 ***
2014	2.224 ***	2015	2.337 ***	常数项	-4.091 ***

注：*** 表示在1%的水平上显著。
资料来源：根据刘金菊、陈卫（2021）整理所得。

3.2　中国人口流动的分布特征

本节将从下述三个方面对我国人口流动的特征进行分析讨论，包括迁移规模、模式以及移民的脆弱性。

3.2.1　我国流动人口的规模整体提升，人口向我国东部沿海地区集聚

本书通过对我国第五次、第六次、第七次全国人口普查数据，以及《中国统计年鉴》等数据的收集与整理，从宏观视角对我国流动人口迁移水平进行分析。如图3.2所示，2010年我国流动人口的规模已经达到2.21亿人，流动人口数量占全国总人口的比重是16.42%。2014年流动人口的数量达到了2.53亿人，2018年中国流动人口规模回落至2.41亿人，虽然短期内有所下降，但2010～2018年，流动人口总体上升，2018年我国流动人口数量占比已经达到17.21%。根据2021年第七次全国人口普查数据，2020年我国流动人口的数量达到了3.76亿人，与2010年第六次全国人口普查数据相比，我国流动人口的数量增加了1.55亿人，涨幅为70%（见图3.2），流动人口占

比从 2010 年的 16.13% 提升到了 2020 年的 26.6%，人口流动趋势明显。流动人口规模也进一步扩大。根据我国第七次全国人口普查数据，我国东部地区流动人口占流动人口总量的比重为 39.93%，中部地区流动人口占流动人口总量的比重为 25.83%，西部地区流动人口占流动人口总量的比重为 27.12%，东北地区流动人口占流动人口总量的比重为 6.98%。与 2010 年相比，东部地区流动人口占比提升了 2.15%，中部地区流动人口占比下降了 0.79%，西部地区流动人口占比提升了 0.2%，东北地区流动人口占比下降了 1.20%。可见，人口逐步向经济更发达的城市群集聚。

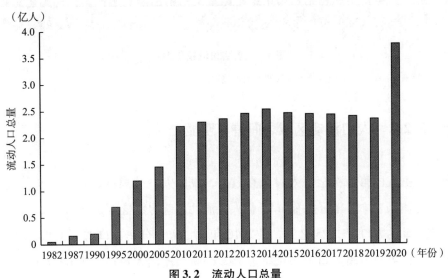

图 3.2 流动人口总量

根据《中国统计年鉴 2020》数据，城镇人口占比前五的城市分别是上海、北京、天津、广州、江苏（见图 3.3），可见人口具有往东部地区集聚的特点，城镇人口占比较低的五个省份分别是广西、贵州、云南、甘肃与西藏，而这几个省份也是我国人口主要迁出地，迁出的省份主要是在我国的中西部地区。

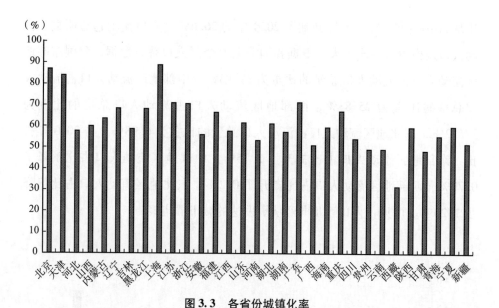

图 3.3　各省份城镇化率

资料来源：基于《中国统计年鉴2020》数据整理。

3.2.2　人口流动区域之间差异明显

根据我国第七次全国人口普查数据，我国人户分离的人口有4.9亿人，人户分离人口中市辖区内有1.17亿人，流动人口的数量是3.76亿人，其中，跨省流动的人口有1.25亿人。跟2010年比，人户分离人口增长了88.52%，市辖区内人户分离人口的增长率为192.66%，流动人口增长了69.73%。随着经济社会的不断发展，人口流动趋势更加明显，流动人口规模进一步扩大。第六次全国人口普查数据显示，省内人口流动占比达58%。薛彩霞等（2020）利用2011~2017年流动人口的数据研究发现，流动人口在省际流动的占比是50.63%，省内流动的占比是49.37%，省内流动人口中省内跨市流动的占比为30.29%。

为了进一步分析我国地级以上城市流动人口对应的迁移意愿，本章将311个城市的迁移意愿进行分类。迁移意愿低于0.2定义为低居留意愿，0.2~

0.4 定义为中低居留意愿，0.4~0.6 定义为中居留意愿，0.6~0.8 定义为中高居留意愿，大于 0.8 定义为高居留意愿，如表 3.4 所示。低居留意愿的城市有天水市、潮州市、定西市、陇南市、贺州市；中低居留意愿的城市有 28个；中居留意愿的有 94 个城市；中高、高居留意愿的有 84 个城市，这部分包含了我国北上广深以及核心省会城市等大城市。居留意愿超过 0.8 的城市有 31 个，人口居留意愿较高城市的前几名是：齐齐哈尔市（黑龙江）、泰安市（山东省）、鹤岗市（黑龙江）、盐城市（江苏省）、朝阳市（辽宁省）、德州市（山东省）、潍坊市（山东省），人口居留意愿较高的城市主要分布在我国北方。

表 3.4 不同居留意愿城市

居留意愿	城市	区间
低居留意愿	天水市、定西市、潮州市、贺州市、陇南市	低于 20%
中低居留意愿	东莞市、丽江市、保定市、保山市、信阳市、南阳市、台州市、吉安市、宜春市、崇左市、廊坊市、张掖市、揭阳市、昭通市、海东市、清远市、温州市、渭南市、绍兴市、莆田市、萍乡市、贵港市、辽源市、金华市、铜仁市、防城港市、雅安市、鹰潭市	20%~40%
中居留意愿	三明市、三门峡市、上饶市、临汾市、临沧市、丹东市、丽水市、九江市、云浮市、亳州市、佛山市、六盘水市、兰州市、南平市、南昌市、南通市、吕梁市、吴忠市、咸阳市、唐山市、商丘市、嘉兴市、固原市、大庆市、孝感市、宁德市、宁波市、安康市、安阳市、安顺市、常德市、平凉市、平顶山市、广安市、广州市、庆阳市、延安市、开封市、张家界市、忻州市、惠州市、抚州市、拉萨市、攀枝花市、昆明市、晋城市、景德镇市、曲靖市、杭州市、松原市、榆林市、汕头市、江门市、河池市、河源市、泉州市、泰州市、洛阳市、海口市、淮北市、湖州市、湘潭市、漯河市、漳州市、玉林市、玉溪市、白城市、白山市、白银市、百色市、益阳市、石家庄市、福州市、肇庆市、舟山市、葫芦岛市、衡阳市、西宁市、西安市、赣州市、辽阳市、达州市、遂宁市、遵义市、郑州市、鄂州市、铁岭市、铜川市、锦州市、镇江市、长沙市、阳江市、鞍山黄石市、龙岩市	40%~60%

居留意愿	城市	区间
中高居留意愿	三亚市、上海市、东营市、中山市、临沂市、乌兰察布市、乌海市、乌鲁木齐市、乐山市、克拉玛依市、六安市、内江市、包头市、北京市、北海市、十堰市、南京市、南充市、南宁市、厦门市、双鸭山市、吉林市、呼伦贝尔市、呼和浩特市、咸宁市、哈尔滨市、四平市、大同市、大连市、天津市、太原市、威海市、娄底市、安庆市、宜宾市、宜昌市、宝鸡市、宣城市、宿州市、岳阳市、巴彦淖尔市、常州市、广元市、张家口市、德阳市、怀化市、成都市、扬州市、承德市、新乡市、新余市、无锡市、晋中市、普洱市、朔州市、本溪市、来宾市、柳州市、株洲市、桂林市、梧州市、武威市、武汉市、毕节市、永州市、汉中市、汕尾市、池州市、沈阳市、沧州市、泸州市、淮南市、深圳市、湛江市、滨州市、濮阳市、焦作市、珠海市、盘锦市、眉山市、石嘴山市、绥化市、绵阳市、自贡市、芜湖市、苏州市、荆州市、莱芜市、营口市、蚌埠市、衡水市、衢州市、襄阳市、许昌市、贵阳市、资阳市、运城市、连云港市、通化市、邢台市、邵阳市、邯郸市、郴州市、鄂尔多斯市、酒泉市、重庆市、金昌市、钦州市、铜陵市、银川市、长春市、长治市、阜阳市、随州市、青岛市、韶关市、鸡西市、鹤壁市、黄冈市、黄山市、黑河市	60%~80%
高居留意愿	七台河市、中卫市、佳木斯市、合肥市、周口市、嘉峪关市、巴中市、徐州市、德州市、日照市、朝阳市、枣庄市、梅州市、泰安市、济南市、济宁市、淄博市、滁州市、潍坊市、烟台市、盐城市、秦皇岛市、聊城市、荆门市、赤峰市、通辽市、阳泉市、马鞍山市、驻马店市、鹤岗市、齐齐哈尔市	高于80%

资料来源:根据国家卫计委2017年全国流动人口动态监测调查数据整理。

3.2.3 人口向城市群与中心城市集聚

2021年人口普查数据跟2000~2010年相比,人口平均年增长率下降了0.04%,在这样的背景和政策导向下,人口必定会往效率高的地方进行集聚,人口尤其是年轻人口会向中心城市与城市群集聚。《2016中国城市群发展报告》指出,我国建立5个国家级大城市群,9个区域性中等城市群和6个地区性小城市群的中国城市群空间格局。长三角、珠三角等5个国家级大城市群是中国当前新城市化战略的重点,也是吸引人口集聚的核心。9个区域性城市群需要稳步提升，包括哈长城市群、山东半岛城市群等。山西中部城市群等 6 个次区域性城市群需要进行仔细规划和指导。

图 3.4 考察了我国第七次全国人口普查数据中城镇人口占比的变化，结合吴雪萍（2018）的研究，发现我国人口不断向城市群尤其是国家级大城市群集聚的趋势没有变。人口集聚也给我国各大城市群带来了严峻的挑战，交通压力如何缓解，居住条件差的现状如何改善，城市安保如何保障，就业问题如何兜底，都是社会应该考虑的问题。

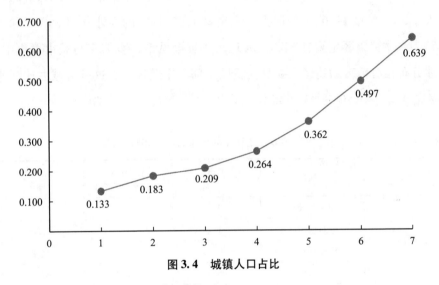

图 3.4　城镇人口占比

资料来源：中国第七次全国人口普查数据。

3.3　高学历人口的空间分布特征

3.3.1　人才呈现出高度集中的空间分布格局

为了构建人口集聚的指标，参考封志明等（2013）的研究，将我国 309

个地级市分为三类,分别是 $J \geq 2$ 对应的人口密集区、$J \leq 0.5$ 对应的人口稀疏区以及 $0.5 < J < 2$ 对应的人口均值区,人口密集区可以细分为 $J \geq 8$ 对应的高密集区、$4 \leq J < 8$ 对应的中密集区以及 $2 \leq J \leq 4$ 对应的低密集区;人口均值区进一步可以划分为 J 介于 $1 \sim 2$ 的均值上区与 J 在 $0.5 \sim 1$ 的均值下区;人口稀疏区又进一步划分为 J 在 $0.2 \sim 0.5$ 的相对稀疏区、J 在 $0.05 \sim 0.2$ 的绝对稀疏区以及 J 值不足 0.05 的极端稀疏区等类别。

基于国家统计局公布的 2010 年与 2015 年人口普查数据,2010 ~ 2015 年高学历人才在少数城市高度集聚,2010 年 12.30% 的国土面积集聚了 70.65% 的人才,2015 年 11.67% 的国土面积集聚了 65.16% 的人才（见表 3.5 和表 3.6）。人才密集区主要在东部沿海地区、省会城市、直辖市与城市群集中。人才分布相对稀疏的地区主要是在我国西部与东北地区,这一区域占比高达 60% 的土地只有 5% ~ 6% 的高学历人才。

表 3.5   2010 年高学历人才在空间分布上的描述性统计

分类	集聚区	人才占比（%）	人口密度（人/平方千米）	土地占比（%）
人口稀疏区	相对稀疏区	4.1	5.2	11.7
	绝对稀疏区	1.2	1.6	10.6
	极端稀疏区	0.01	0.0	41.8
	合计	5.3	1.2	64.1
人口均值区	均值上区	14.1	20.0	10.4
	均值下区	9.3	10.5	13.2
	合计	23.4	14.7	23.6
人口密集区	高密集区	36.4	252.2	2.1
	中密集区	12.9	82.5	2.3
	低密集区	21.4	40.4	7.9
	合计	70.7	85.1	12.3
	总计		14.8	

资料来源:基于第六次全国人口普查数据计算所得。

表 3.6　　　　　　　　**2015 年高学历人才在空间分布上的描述性统计**

分类	集聚区	人才占比 （%）	人口密度 （人/平方千米）	土地占比 （%）
人口稀疏区	相对稀疏区	3.6	6.9	9.4
	绝对稀疏区	1.8	1.9	17.4
	极端稀疏区	0.5	0.3	33.6
	合计	6.0	1.8	60.4
人口均值区	均值上区	18.2	25.0	13.0
	均值下区	10.7	12.8	14.9
	合计	28.8	18.5	27.9
人口密集区	高密集区	30.7	308.5	1.8
	中密集区	15.5	97.4	2.9
	低密集区	18.9	48.1	7.0
	合计	65.2	100	11.7
	总计		17.9	

资料来源：基于 2015 年全国 1% 人口抽样调查数据计算所得。

3.3.2　人才分布不均衡趋势有所缓解，分布方向呈"东北—西南"走向

2010 年我国具有高学历的人才对应的基尼系数是 0.66，2015 年对应的基尼系数是 0.63。相比于 2010 年，2015 年高学历人才基尼系数有所下降，意味着人才分布不均衡问题有所缓解。但可以看出，高学历人才的基尼系数依然很大，意味着我国高学历人才的分布依然严重失衡。随着新型城镇化、西部大开发等一系列政策的实施，由于经济和地方因素导致的人才分布失衡问题得到逐步缓解。人才呈现"东北—西南"的分布，与"胡焕庸线"走势是一致的，表明人才跟人口的分布呈现相同的趋势。

表 3.7 中显示了我国三大城市群对应的人口集聚度。总的来说，三大城市群只占 5.9% 的土地面积，但是却集聚了 34.9% 的人口。表明了城市群对

人口的集聚发挥了很大的作用。相比较而言,珠三角地区的人口密度要高于其他两个城市群;长三角地区的人口占比要高于其他两个城市群。

表3.7　　　　　　　2010年我国三大城市群人口的空间分布描述性分析

地区	人数占比(%)	人口密度(人/平方千米)	国土面积占比(%)
长三角地区	16.4	97.7	2.5
京津冀地区	12.3	68.8	2.7
珠三角地区	6.2	125.5	0.7
总计	34.9	88.1	5.9

资料来源:基于第六次全国人口普查数据计算所得。

3.4　本章小结

本章主要研究了流动人口的迁移历程并探究了我国流动人口特别是高学历流动人口的空间分布特征。

(1)回顾了改革开放前后我国流动人口的迁移历程。改革开放前,人口流动经历了两个阶段,分别是1949~1952年的自发迁移阶段与1953~1977年的严格管控阶段。改革开放后,人口流动经历了五个阶段:1978~1983年初期就地转移阶段;1984~1991年就地转移为主的阶段;1992~2000年异地转移为主的阶段;2001~2011年保障劳动力异地转移阶段;2012年至今为多元助力推动我国劳动力转移的阶段。

(2)我国流动人口规模整体提升,人口流动向东部沿海地区集聚。人口流动以省内流动为主,区域之间差异明显。人口向我国核心城市群和中心城市集聚与流动。

(3)基于高学历流动人口的空间分布来看,我国人才呈现出人口高度集中的状态,人才在空间上分布的不平衡逐步得到缓解,人口主要在城市群与中心城市聚集。

| 第 4 章 |
人口迁移流动的地区差异与影响因素

4.1 引　言

自 2018 年初，我国多座城市都制定了城市人口发展规划，人才争夺战在城市间掀起。随着我国新型城镇化的不断推进，以人为核心，逐步放宽居民户口迁移政策，加快户籍制度改革，推动农业人口市民化，让农业人口也可以享受到城镇的公共服务，实现有能力在城市就业与生活的农业人口的市民化是新型城镇化发展的重要任务。因此，在推动我国新型城镇化的进程中，研究流动人口留城意愿的空间格局、地区差异及其主要影响因素具有重要意义。

4.1.1 人口迁移流动现状

人口的流动问题及迁移意愿一直备受经济学与人口学的关注，在相关领域积累了大量的研究成果，劳动力市场的分割理论、迁移理论、社会融合理论，以及推拉理论等为相关研究打下了坚实的理论基础（Massey，1993，林李月，2016）。关于人口迁移和流动的理论研究中，推拉理论具有最大的影响，该理论认为，人口迁移与流动受到迁入地的拉动与迁出地的推动的双重作用（Herberle，1938）。其中，迁入地的经济与社会条件是决定他们迁移的最大推动力。

虽然推拉理论很好地解释了人口的流动，但是并不代表城市流入人口会选择在流入城市中定居。部分研究将流动人口自身特征与家庭特征、家庭资源配置及流动人口流入地所对应的劳动力市场的分割等方面因素纳入了研究的视野（Zhu，2007，2010；Fan，2011；朱宇，2012）。通过对前期的文献进行梳理，可以将影响迁移意愿的因素分为城市与个体两个维度。城市层面主要是经济与社会因素，其中经济因素是促进人口流动最主要的因素。以往研究认为，流动人口的性别、收入、年龄、受教育水平、从事职业的类型、婚姻、流动范围与经历等因素是影响人口流动迁移与否的主要因素，但是关于这些因素的影响效应仍然存在着争议（张翼，2011；Zhu，2010；刘于琪等，2014；秦立建等，2014；董昕，2015；杨雪等，2017）。

社会维度的因素是影响人口流动的重要因素。在人口可以自由流动的情况下，政府公共服务水平会影响人口迁移（Tiebout，1956；Dahlberg et al.，2012）。夏怡然和陆铭（2015）首次对人口普查与城市数据进行分析，指出基础教育设施、医疗服务水平等均会促进人口流动。此外，社会制度如户籍等也会影响中国人口的流动（梁琦等，2013）。人口流动到该城市之后才会考虑到定居，随着中国城镇化水平的不断提升，流动人口不仅有经济利益维度的需要，也希望获得流入地城市的接纳（林李月等，2016），社会融合逐步成为影响人口迁移意愿的重要因素。流动人口对于流入城市的接纳与认可程度越高，在该城市迁移与定居的可能性也越大（林李月等，2016；叶鹏飞，2011；王玉君，2013；齐嘉楠，2014）。

在影响人口迁移流动的个体层面上，李（Lee，1966）在人口迁移的扩展模型中加入了可能的影响因素，主要体现在家庭架构、制度安排、地区文化差异等方面。由于不同地区的文化、生活习惯存在差异，与流出城市具有相似的生活习惯、方言的城市更容易吸引人口的流入，促进人口迁移流动（刘毓芸等，2015）。同时与朋友、同学、同乡之间的关系也会影响人口的迁移流动（潘静和陈广汉，2014）。

随着流动人口动态监测数据的可获得性，越来越多的学者开始关注流动人口居留意愿。目前更多的研究是基于特定人口的研究对象，主要涉及老年人口（侯建明等，2017）、北京农民工（孙鹃娟等，2012）、农业转移人口（陈志光，2016）等。以上相关研究是将特定的个体作为研究单位，研究人口个体自身的流动因素对于户籍迁移的影响。而整体的迁移意愿存在空间差异，这种差异不仅与流动人口的自身特征相关还与其流入城市的特定区域因素相关，需要综合相关影响因素，才能充分揭示人口迁移流动的影响因素。

4.1.2 人口迁移流动述评

人口的迁移流动通常存在空间异质性。影响人口迁移流动的因素在地理位置上通常具有空间溢出效应，且空间地理位置的划分会导致空间数据存在误差，因此，在城市地理空间上，人口的迁移流动会存在一定的空间自相关。目前，关于人口流动的相关研究主要以传统计量经济学（OLS）为主，在空间维度上对人口迁移流动影响因素的研究较少，但在模型中存在空间相关性或者残差中存在空间自相关的情形下，OLS 方法会导致估计结果存在偏差。

基于上述问题，本章结合相应文献研究，利用 Python、Stata 等软件，运用空间分析、空间计量方法研究全国、城—城及乡—城人口迁移流动的影响因素，研究我国人口流动的空间分布特征、人口流动的内部与外部影响因素、人口迁移流动的空间联系等。通过相关研究，为城市各级政府制定相应的户籍政策，对人口管理等相应问题提供更有效的政策。

4.2 理论、数据与变量选择

4.2.1 理论框架

落户选择是一个需衡量各方面成本收益的复杂过程，人口的迁移流动受到多层次、多样化的因素影响。本章在梳理经典人口迁移论及其他相关理论的基础上，结合已有研究成果，总结得出人口迁移流动的影响因素主要为个体因素和流入地城市因素，其个体因素包括人口统计学特征、流动特征、经济因素、社会因素等，流入地城市因素主要包括经济因素、人口因素，进而构建了流动人口户籍迁移意愿影响因素的理论框架，如图 4.1 所示。

（1）人口统计学特征。

李（Lee）在 1966 年提出的推拉理论中指出，人口迁移主要会受到四个方面因素影响，其中迁入地、迁出地以及中间障碍这三个因素都受到第四个个体因素的影响，流动人口会根据自己目前获得的知识水平与其他的认知来评估其他三个方面因素的影响，进而作出迁移与否的决定。人口统计特征影响人口是否迁移，女性、未婚、受教育水平高的流动人口更倾向于户籍迁移（朱宇与林李月，2019），因此本章选用了人口统计学相关的变量进行研究。

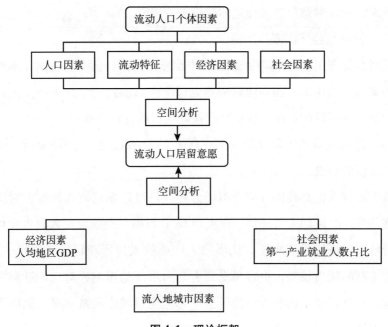

图 4.1　理论框架

（2）流动特征变量与社会因素变量。

根据前面第 2.2 节所探讨的社会融合理论，社会融合变量通常包含经济、文化、社会与心理等维度的变量。林李月等（2016）指出，流动人口对应的社会融合水平越高，流动人口在该城市居留的意愿就越强。刘涛等（2019）研究指出，流动特征表征社会融合水平。第一，当流动人口在流入的城市停留时间越久就会积累越多的社会资本，相应地在本地形成的社会网络就会越大，就会有更强的本地认同感，进而就更希望可以在本地停留。第二，省内流动的人口与跨省流动的人口相比，省内流动的人口与流入城市对应的文化习俗以及生活习惯都会更加相似，流动人口会有更强的归属感，跨省流动在物理与感知距离上都会更有距离感，更难融入本地，对应的迁移意愿就会比较低（古恒宇等，2019）。第三，流动人口对应的流动次数越多，进入另一个城市重新建立自己的社会网络的成本也就越高，流动人口更愿意在该城市稳定下来，所以本章会选取相应的变量进行研究。

（3）社会与经济因素。

经济变量选用家庭平均月支出的对数来衡量，社会变量选用在本地建立健康档案的人口比重、在本地购买养老保险人口的占比、高中毕业人口的占比、大学毕业人口的占比、购买医疗保险人口的占比来衡量。

（4）流入地城市因素（第一产业就业人数的占比）与经济变量（人均地区生产总值的对数）。

基于推拉理论与我国劳动力市场分割理论可以得到流入地城市对应的社会经济条件影响流动人口迁移。而人均 GDP 与第一产业就业人数占比可以用来衡量城市经济的发展水平。从事第一产业的人口所获得的工资水平较低，在城市生存的能力较差，更容易受到劳动力市场的影响，对应的迁移意愿通常较低。因此，本章选取人均地区生产总值衡量城市经济水平，选取第一产业就业人数的占比衡量流入地城市社会发展水平。

4.2.2　数据来源

研究数据为国家卫计委在 2016 年调研的流动人口动态监测数据，该数据包含了 31 个省份以及新疆生产建设兵团的流动人口数据。2016 年调研数据总的有效样本量是 169000 份，地级市以上的城市有 341 个，研究选取流动人口的年龄在 18～59 岁，共得到实际有效样本 162580 份。到 2016 年末，根据《中国城市统计年鉴（2016）》的数据，我国地级市及以上的城市共有 297 个，通过对比匹配两个数据，最终获得两个数据均包含的有效城市为 280 个。对于乡—城流动人口，经过处理后得到有效城市的个数是 280 个，对于城—城流动人口，经过处理后得到有效城市个数是 276 个，本章利用处理后的数据进行相应研究。

4.2.3 变量选择

（1）因变量——人口迁移意愿，本书选用每个城市流动人口的迁移意愿占比来衡量，具体是每个城市具有打算居留人口数之和与样本中流入该城市的总人口的比值。对于问卷中你是否打算在本地居住 5 年及以上，对于回答打算的赋值为1，对于回答不打算、没想好等的赋值为0。

（2）可能的影响因素。根据 2016 年流动人口的动态监测数据，控制可能会影响迁移意愿的变量。在迁移决策理论的研究基础上，选取了人口流动的内部变量，主要包含流动特征变量（主要选取了流入该城市的人口的平均停留时间、跨省流动人口占比、流动平均次数）、人口变量（未婚流动人口占流入该城市总人口的比值、家庭平均同住成员数、流动人口的平均年龄）、经济变量（选用家庭平均月支出的对数来衡量）及社会变量（在本地建立健康档案的人口比重、在本地购买养老保险人口的占比、高中毕业人口的占比、大学毕业人口的比重、购买医疗保险人口的占比）；进一步选用了《中国城市统计年鉴（2016）》中社会变量（第一产业就业人数的占比）与经济变量（人均地区生产总值的对数）作为流入地的外部影响因素。表 4.1 给出了变量的基本描述。

表 4.1　　　　　　　　　　变量的基本描述

变量		变量名称	基本描述	均值	标准差
因变量	迁移意愿	Y	打算居留的人员占比	0.598	0.167
内部影响因素	流动变量	$X1$	流入地停留时间	5.590	1.858
		$X2$	跨省流动人数占比	0.363	0.233
		$X3$	流动次数	1.343	0.295

变量		变量名称	基本描述	均值	标准差
内部影响因素	人口变量	X4	流动人口中未婚人口占比	0.178	0.091
		X5	家庭同住成员数	3.154	0.376
		X6	流动人口平均年龄	35.706	1.924
	经济变量	X7	家庭月支出的对数	8.049	0.211
	社会变量	X8	本地养老保险占比	0.146	0.128
		X9	高中毕业人口占比	0.232	0.083
		X10	大学毕业人口占比	0.135	0.079
		X11	本地医疗	0.156	0.122
外部影响因素	社会变量	X12	第一产业就业人数占比	0.019	0.045
	经济变量	X13	人均地区 GDP 的对数	10.757	0.526

资料来源：笔者根据国家卫计委 2016 年中国流动人口调研数据自行整理。

4.3　空间计量模型

4.3.1　空间数据

空间数据（spatial data）又称为空间或者地理参照数据，空间数据包括空间对象的点、线、面（区域），其中比较常见的就是空间属性数据，具体可以表示为：$\{z_j(s_i, t): j=1, \cdots, k, i=1, \cdots, n, t=1, \cdots, T\} = \{z_j(s_i, t)\}_{j,i,t}$，其中 z_j 代表第 j 个属性特征，S_i 代表第 i 个空间单元，t 代表时间。空间数据与其他数据的不同在于 S_i 储存了空间信息，当然空间信息也有很多种，比如相邻关系、地理距离等。

时间数据本质上是多元的时空序列，当时间固定的时候，可以把一个空间数据矩阵或者截面空间数据表示为 $\{z_j(s_i)\}_{j,i}$；若空间单元式是固定的则就是一个多元的时间序列；若属性信息也是固定的就是一元的时空序列。空间数据的划分经常是人为的，因此可能导致地理现象的空间模式的转变，这被称为可变元问题，此时统计值的大小会受到空间分区的影响。关于可变元会产生两个方面的效应，即尺度效应与分区效应。尺度效应是指空间数据产生会改变单元的面积大小、形状或者方向时，结果会发生显著的变化。分区效应指的是在尺度给定的情形下，不同的单元组合方式会导致结果的改变。

克利夫和奥德（Cliff and Ord，1981）提出，可将空间自相关与可变元问题联系起来，空间尺度的选取对空间自相关强度的影响很大。空间尺度的选取很重要，在选取的时候要考虑到模型的拟合优度、t 值、先验信息等一系列的准则，这可能对最后的研究结果有影响。可变元问题的避免主要通过将数据进一步分解为更小的单元，检测尺度的敏感性，考虑参数的非平稳性，缓解可变元问题对结论造成的影响。

4.3.2 空间权重矩阵

在研究空间计量理论模型的时候需要具体的空间权重矩阵的设定形式，通过在模型中引入空间权重矩阵进一步研究外部周围的或其他区域的空间因素对内部或者本区域的影响机制及方式。空间权重矩阵是空间统计、空间计量经济学中的一个重要概念，空间自相关的检验等都需要使用空间权重矩阵，可以说空间权重矩阵是空间计量经济学的核心。关于空间相关矩阵，不同研究者对其设定的形式也不一样，早期关于空间加权矩阵的设定都比较简单，早期的文献中，经济学家主要根据研究对象的地理位置以及空间的分布去定义空间加权矩阵的具体形式，进一步研究区域经济问题，比较简单地通过设定空间加权矩阵中的每个元素的值为 0 与 1，具体的为：在研究的 N 个不同区域中，空间加权矩阵 W 是其主对角线上的元素为 0 的一个对称矩阵，对于非对角线上的元素，根据这两个地区是否在地理位置上是相邻的进行定义，若这两个区域在空间地理位置上是相邻的，则定义这两个区域对应的元素值为1，若是不相邻的，则定义该元素值为0，同时设定本地区与本地区是不相邻的，即主对角线上的元素值为0。

空间权重矩阵一般都假定观测的样本在栅格或者是区域的空间单元上进行表述。将 n 个空间单元两两结合，构成一个 $n \times n$ 的矩阵。即：将来自 n 个区域的数据记为 $\{x_i\}_{i=1}^{n}$，其中 i 代表 i 区域；将区域 i 与区域 j 之间的距离记作 w_{ij}，具体空间权重矩阵（spatial weighting matrix）的表达式如下：

$$W = \begin{pmatrix} w_{11} & \cdots & w_{1n} \\ \vdots & \ddots & \vdots \\ w_{n1} & \cdots & w_{nn} \end{pmatrix} \tag{4-1}$$

对于空间权重矩阵一般需要满足正则性与非负性，非负性则要求每一个元素都是非负的；正则性要求矩阵中元素的绝对值的行及列求和都是有界的，即：

对 $\forall j \in N^+$ 且 $j \leq n$，$\exists M_1 > 0$，使得 $\sum_{i=1}^{n} |w_{ij}| < M_1 < \infty$，

对 $\forall i \in N^+$ 且 $i \leq n$，$\exists M_2 > 0$，使得 $\sum_{j=1}^{n} |w_{ij}| < M_2 < \infty$。

对于相邻矩阵，也就是最常用的距离矩阵，即：$w_{11} = \cdots = w_{nn} = 0$，若区域相邻则 w_{ij} 为1，否则为0。相邻关系又可以分为以下三种不同的形式：

车相邻（rook contiguity），即两个相邻的区域有共同的边界。

象相邻（bishop contiguity），即两个相邻区域有共同的点，但是没有共同的边界。

后相邻（queen contiguity），即两个相邻区域有共同的点或者共同的边。

在实践中通常是设置一个最小距离来区分边与点，在此距离以下设置为点，在此距离以上设置为边，在具体的问题中，关于车相邻、象相邻或后相邻的选取需要具体问题具体分析。

假定有四个区域，其空间权重矩阵的设定如下：

$$W = \begin{pmatrix} 0 & 1 & 1 & 1 \\ 1 & 0 & 1 & 0 \\ 1 & 1 & 0 & 1 \\ 1 & 0 & 1 & 0 \end{pmatrix} \qquad (4-2)$$

W 中的第一行代表区域 1 与区域 2、3、4 相邻的，第二行代表区域 2 与区域 1、3 相邻，但是与区域 4 不相邻，同样的区域 3 与其他区域都相邻，区域 4 与区域 1、3 相邻但是与区域 2 不相邻。若空间权重矩阵考虑的二阶相邻，可以用邻居的邻居是否相邻来定义。在实践中通常对权重矩阵进行行标准化的处理，即利用矩阵中的每个元素与所在行的所有元素的比值衡量，具体为：$w_{ij} = \dfrac{w_{ij}}{\sum\limits_{j} w_{ij}}$。如果该区域是一个孤岛，该区域就与其他区域不相邻，则分母为 0，这个时候可以将分母改为 $\max(1, \sum\limits_{j} w_{ij})$。奥德（Ord，1975）提出的标准化方式为：$w_{norm} = D^{-\frac{1}{2}} w D^{-\frac{1}{2}}$，其中 $D = diag(\sum\limits_{j=1}^{n} w_{1j}, \sum\limits_{j=1}^{n} w_{2j}, \cdots, \sum\limits_{j=1}^{n} w_{nj})$，这种标准化的好处在于标准化后的空间加权矩阵与行标准化后的矩阵的特征值是相同的。凯莱健和普鲁查（Kelejian and Prucha，2010）提出利用最大特征值进行标准化的方式，利用空间权重矩阵与最大特征值的比值表示，具体为：$w_{norm} = v_{max} w$，其中 v_{max} 代表 W 的最大特征值，这样的方式使标准化后的空间加权矩阵的最大特征值为 1，且保留了原来矩阵的相对空间关系及经济上的含义。

利用行标准化进行分析，将上述空间权重矩阵进行行标准化可得：

$$W = \begin{pmatrix} 0 & 1/3 & 1/3 & 1/3 \\ 1/2 & 0 & 1/2 & 0 \\ 1/3 & 1/3 & 0 & 1/3 \\ 1/2 & 0 & 1/2 & 0 \end{pmatrix} \qquad (4-3)$$

　　行标准化的好处在于将行标准化后的矩阵乘以 X 就得到每一个区域邻居的平均值。行标准化也存在不足，行标准化后的矩阵不是对称的矩阵，每个区域所受到邻居的影响等于另外一个区域所受其邻居的影响，这一个假定比较强，在实际问题中可能不能满足。

　　虽然利用相邻关系的空间加权矩阵来表示空间位置关系的影响因素的机制相对比较简单，但是在处理实际的经济问题中，这种设定是存在的，它代表的直观含义就是当两个区域在地理位置上相互接壤，它们之间就会存在相互影响的关系，但若两个区域是不接壤的，它们之间的关系由于被地理位置关系阻隔，相互影响作用就变得比较弱。

　　随着空间计量理论的不断发展，学者们基于原来通过地理及空间分布不同的特征来定义空间加权矩阵的方式进行扩展，空间权重矩阵的设定有基于几何的，有基于理论，也有基于数据的，研究者通过不同的方式定义空间加权矩阵。皮克瑟和斯莱德（Pinkse and Slade，1998）通过选取在地理位置上与其研究的对象所在的区域距离最近的 k 个邻居来构成对这个因变量外部的空间影响因素，进而去定义空间加权矩阵。安瑟林（Anselin，1988）则通过地理分布，将研究对象所在的区域点作为中心，以某特定（给定）的距离为半径形成一个圆形区域，当其他地区与所画圆形区域发生交叠时，该地区就与该圆形区域的中心地区有着相互影响的关系，否则认为其影响关系比较弱，或者没有影响关系。上述学者关于空间加权矩阵的定义主要基于一种现实的经济现象：在空间地理位置上距离相隔相对较近的区域的关系相对其他较远的区域的关系更加密切，也就是说相隔较近的区域的影响程度更大一些。相反，若是地理距离的分布比较远，地理上就存在阻隔现象，从而区域间的影响相对不那么显著。由于所有事物之间都存在着联系，距离较近的事物的联系比较远的事物的联系要大（地理学第一定理），基于空间距离的倒数，或者空间距离倒数的整数次幂的形式定义空间加权矩阵的方法也是比较常用的方法。对于此种空间加权矩阵的定义为：$w_{ij} = \dfrac{1}{d_{ij}^{n}}$，其中 d_{ij} 表示两个区域空间距离的大小。

目前通过简单的空间地理分布去定义空间加权矩阵的比较多，在具体的分析中比较直观，结论也更加容易解释，虽然在分析问题中很直观，但是现实的情况可能要更加复杂一些，例如在贸易问题的研究中，虽然两个区域相距比较远，但是可能由于这两个区域之间存在贸易或者需要进行合作等原因交流比其他区域相对更加频繁，这样就会出现即使两者没有在地理位置上相邻，但它们仍然存在紧密的联系，同样也存在这样的情况——即使它们之间是相邻的，但是它们之间的相互交流很少，影响也比较小。通过前面对空间加权矩阵的定义中也可以看出，一个地区跟其他几个地区相邻，它们的权重矩阵是一样的，一样的权重矩阵代表这个地区会平等地对待这几个相邻的地区，但实际上，这些地区的影响可能并不相同，有的大，有的小。林光平等（2005）基于地理相邻的矩阵研究了中国 28 个省份的实际 GDP 的收敛情况，发现相邻区域的关系并不相同，林光平又引入了地区间人均 GDP 的差额作为衡量地区间距离的指标，设置主对角线上的元素都为 0，非对角线上的元素为 $E_{ij} = \dfrac{1}{|\bar{Y}_i - \bar{Y}_j|}(i \neq j)$，其中 Y_i 代表在第 i 区域的人均实际 GDP 的均值，通过比较发现，利用经济距离定义空间权重矩阵能更好地衡量我国的经济发展状况，所以在具体的问题中可能需要根据实际情况定义空间加权矩阵的值的大小。

空间权重矩阵 W 随空间计量经济学研究的深入也衍生出多种变化，而作为空间计量分析的核心，不同权重矩阵的使用也会对模型估计、假设检验、模型解释产生影响。因此，选择一个相对较优的空间权重矩阵，能对接下来的建模分析起到基础性的作用。出于简化模型的需要，假设 W 在不同时期是固定不变的，例如，空间数据集中观测单位的地理距离或者邻近关系不随时间而发生改变。

4.3.2.1 设计矩阵

本章参考范巧（2018）的思路和方法，首先根据空间权重矩阵的定义，设定四种供遴选的空间权重矩阵（W_1，W_2，W_3，W_4）。第一种为基于 queen 相邻的邻接空间权重矩阵。第二种参考埃格等（Egger et al.，2005）的设计方法，矩阵元素计算方法如下：

$$W_2 = \frac{1/D_{ij}^2}{\sum_{j=1}^{31}(1/D_{ij}^2)} \tag{4-4}$$

其中，$D_{ij} = r\arccos[\sin(\varphi_i)\sin(\varphi_j) + \cos(\varphi_i)\cos(\varphi_j)\cos(\lambda_j - \lambda_i)]$，$r$ 为地球半径，φ，λ 分别为省份 i 或 j 的经纬度。第三种参考邵晓峰（Shao，2010）的设计方法，矩阵计算方法如下：

$$W_3 = W_1 \times \tilde{W} = W_1 \times \begin{pmatrix} \overline{\dfrac{GDP_1}{GDP}} & 0 & 0 & \cdots & 0 \\ 0 & \overline{\dfrac{GDP_2}{GDP}} & 0 & \cdots & 0 \\ \vdots & \vdots & \vdots & \ddots & \vdots \\ 0 & 0 & 0 & \cdots & \overline{\dfrac{GDP_{31}}{GDP}} \end{pmatrix} \tag{4-5}$$

其中，$\overline{\dfrac{GDP_i}{GDP}}$ 是第 i 个省 2006~2019 年 GDP 平均值除以全国 2006~2019 年 GDP 的平均值。第四种参考芬格尔顿（Fingleton，2009）的设计方法，矩阵元素计算方法如下：

$$W_4 = \begin{cases} e^{-0.02 \times d_{ij}} & d_{ij} < 1437 \\ 0 & d_{ij} \geq 1437 \end{cases} \tag{4-6}$$

其中，d_{ij} 是 i 省和 j 省省会城市间的直线距离。1437 为所有省份省会间的平均距离（千米）。

4.3.2.2 遴选逻辑

根据范巧（2018）的假设，相对最优的权重矩阵应该和被解释变量矩阵的有效相关性最强。为了计算两个矩阵的相关性，必须保证它们的维度相同，因此需要将空间权重矩阵 $W_{31 \times 31}$ 变换为时空权重矩阵 $TW_{434 \times 434}^{std}$，将被解释变量 Y 矩阵变换成与时空权重矩阵维度相同的"研究对象矩阵"，其中时空权重矩阵已满足条件，无须进行行随机标准化。时空权重矩阵构造如下：

$$TW^{std} = \xi^{std} \otimes W^{std} \tag{4-7}$$

$$\xi = \begin{bmatrix} \xi_{11} & \xi_{12} & \cdots & \xi_{1t} \\ \xi_{21} & \xi_{22} & \cdots & \xi_{2t} \\ \vdots & \vdots & \ddots & \vdots \\ \xi_{t1} & \xi_{t2} & \cdots & \xi_{tt} \end{bmatrix} = \begin{bmatrix} 1 & 0 & \cdots & 0 \\ m_2/m_1 & 1 & \cdots & 0 \\ \vdots & \vdots & \ddots & \vdots \\ m_t/m_1 & m_t/m_2 & \cdots & 1 \end{bmatrix} \tag{4-8}$$

其中，ξ 被称为时间权重矩阵，m_t 为被解释变量第 t 年的莫兰指数，时间权重矩阵可以有效地表示空间溢出效应在时间上的传导。时空权重矩阵为标准化后时间权重矩阵与标准化后空间权重矩阵的克罗内克积。研究对象矩阵构造如下：

$$ty_{434 \times 434} = Tril\left[(Y^T)^{\frac{1}{2}} \right]^{\frac{1}{2}} \otimes \left[Y^{\frac{1}{2}} (Y^T)^{\frac{1}{2}} \right]^{\frac{1}{2}} \tag{4-9}$$

其中，矩阵 Y 的行和列分别为省份和年份。Y^T 表示被解释变量矩阵的转置，$Tril[\cdot]$ 表示括号内矩阵的下三角矩阵。研究对象矩阵也需要进行行随机标准化处理得到 ty^{std}，处理方法和空间权重矩阵标准化方法一致。

得到 ty^{std} 与 TW^{std} 之后便可对两个矩阵进行堆积处理，让矩阵元素一一对应，随后计算它们的 Pearson 相关系数，并进行费希尔 T 检验（H_0：ty^{std} 与 TW^{std} 总体无关）。最后，选择相关系数最大，通过显著性检验且统计量 T 值最大的空间权重矩阵。

4.3.2.3 遴选结果

首先通过 W 的值生成时空权重矩阵 TW，计算相关系数、T 统计量值和显著性（见表4.2）。从表4.2中可以看出，基于 queen 相邻的邻接空间权重矩阵构造的时空权重矩阵和基于被解释变量构造的研究对象矩阵相关系数最高，为 0.271；T 统计量的值最高，为 122.53，且在 1% 的水平上显著，因此，本章选择基于 queen 相邻的邻接空间权重矩阵。本章涉及的空间数据具有连贯性，与 W_1 的实际意义相似，这也是选择 W_1 进行建模的第二个原因。

表 4.2　　　　　　　时空权重矩阵与研究对象矩阵的相关性检验

权重矩阵	相关系数	T 统计量
$TW1$	0.271	122.53 ***
$TW2$	0.263	118.51 ***
$TW3$	0.186	82.099 ***
$TW4$	0.181	78.89 ***

注：*** 表示在 1% 的水平上显著。

4.3.3　空间相关性检验

在确定是否选用空间模型的时候首先要考察是否存在空间依赖性。若是存在空间依赖性则利用空间计量模型进行估计，若不存在空间依赖性则利用标准的计量模型进行估计。空间数据就是一种随机过程，只是分布在空间维度，因此空间模型的自相关与时间序列相比更加复杂，空间数据可能在多个维度上相关，且每个因素都可能相互影响，而时间序列只是在一个维度上相关。

空间自相关（spatial autocorrelation）可以理解为相近区域的变量的取值也是相近的。若是高值与高值聚集在一起，低值与低值聚集在一起，则称为存在空间正相关；若是高值与低值聚集在一起，则称存在负的空间相关性，这样的情况出现得比较少；若是高值与低值随机分布，则称为不存在空间相关性。

对于空间序列 $\{x_i\}_{i=1}^n$ 的空间相关性检验最常用的是"莫兰指数 I"（Moran's I），其具体的表达式为：

$$I = \frac{n \sum_{i=1}^n \sum_{j=1}^n w_{ij}(x_i - \bar{x})(x_j - \bar{x})}{\sum_{i=1}^n (x_i - \bar{x})^2 \sum_{i=1}^n \sum_{j=1}^n w_{ij}} \qquad (4-10)$$

其中，w_{ij} 是空间加权矩阵中的元素。莫兰指数 I 衡量了空间依赖关系：I 值一般介于 $-1 \sim 1$，I 值若是大于 0 代表空间上存在正的相关关系，小于 0 表示空间负相关，接近于 0 代表不存在空间相关。莫兰指数 I 的值可以作为观测值与该观测值的空间滞后的相关系数，若是将观测值与滞后值画散点图的话，莫兰指数 I 则代表的是其斜率的大小。

进一步的检验需要莫兰指数 I 的渐进分布。原假设为：$Cov(x_i, x_j) = 0$，$\forall i \neq j$，即假定不存在空间自相关，备择假设则认为存在空间自相关。在原假设下，莫兰指数 I 的期望值则为：

$$E(I) = \frac{-1}{n-1} \qquad (4-11)$$

莫兰指数 I 的方差记作 $Var(I)$，则莫兰指数 I 的渐进分布服从标准的正态分布：

$$I^* = \frac{I - E(I)}{\sqrt{Var(I)}} \to N(0, 1) \qquad (4-12)$$

使用莫兰指数 I 要注意以下两个问题：第一，莫兰指数 I 与空间权重矩阵的设定存在紧密的联系，若设定不正确，可能结果就有偏差。第二，在使用莫兰指数 I 进行检验的时候，隐含着 $\{x_i\}_{i=1}^n$ 的期望值是常数的假定，对于第二个问题的解决是通过回归去掉趋势，引入了协方差矩阵，对去掉趋势项的残差进行莫兰指数 I 的检验。

以上检验是对整个空间区域 $\{x_i\}_{i=1}^n$ 的空间相关性进行检验，这样的方法也称为"全局莫兰指数 I"。若是想知道某个地区附近的空间依赖性程度，就可以使用"局部莫兰指数 I"进行检验。局部莫兰指数 I 的含义与全局莫兰指数 I 的解释是一样的，I 值若是大于 0 代表空间正的相关关系，代表低值与低值、高值与高值集聚；小于 0 表示空间负相关，即高值与低值集聚；接近于 0 代表不存在空间相关，即高值与低值是随机分布的。

莫兰指数是比较常用的检验空间相关性的方法，当然也存在其他的检验方法，另一个比较常用的是吉尔里（Geary，1954）提出的"吉尔里指数 C"，有时候也称作"吉尔里相邻比率"，其具体的表述式为：

$$C = \frac{(n-1)\sum\limits_{i=1}^{n}\sum\limits_{j=1}^{n}w_{ij}(x_i - \bar{x})^2}{2(\sum\limits_{i=1}^{n}\sum\limits_{j=1}^{n}w_{ij})\sum\limits_{i=1}^{n}(x_i - \bar{x})^2} \qquad (4-13)$$

吉尔里指数与莫兰指数不同，吉尔里指数的取值一般是介于 0~2，大于 1 代表区域间存在负相关，等于 1 说明不存在相关性，小于 1 则代表存在空间正相关性，吉尔里指数的变动与莫兰指数 I 的变动方向不同。在不存在空间相关性的前提下，吉尔里指数的期望为 1，方差相对复杂记作 $Var(I)$，则标准化后的吉尔里指数 C 的分布为渐进的标准的正态分布，具体为：

$$C^* = \frac{C-1}{\sqrt{Var(C)}} \to N(0,1) \qquad (4-14)$$

因此可以利用 C^* 进行空间自相关的检验。当然这两个方法都存在不足，它们共同的不足是无法区分此区域是高值与高值聚集还是低值与低值的集聚。奥德（Ord，1992）提出了 Getis-Ord 指数解决了它们的共同不足，该指数的具体表达式为：

$$G = \frac{\sum\limits_{i=1}^{n}\sum\limits_{j=1}^{n}w_{ij}x_ix_j}{\sum\limits_{i=1}^{n}\sum\limits_{j\neq1}^{n}x_ix_j} \qquad (4-15)$$

其中，w_{ij} 是没有进行行标准化的 W 空间权重矩阵中的元素，该矩阵是对称的，且对于相邻的空间权重矩阵，其元素不是 0 就是 1。对 $x_i > 0$，$\forall i$ 都可以看出，若是高值与高值集聚在一起，则 G 值会比较大，若是低值与低值集聚在一起，则 G 值会比较小。在没有空间自相关的原假设下，其期望值可证明为：

$$E(I) = \frac{\sum_{i=1}^{n} \sum_{j\neq 1}^{n} x_i x_j}{n(n-1)} \quad (4-16)$$

若是 G 值比期望值要大，则表示存在高值的集聚，若是 G 值比期望值要小，则表示存在低值的集聚。同样可以给出标准化后的 G 值也是渐近服从于标准正态分布的。

$$G^* = \frac{G - E(G)}{\sqrt{Var(G)}} \rightarrow N(0,1) \quad (4-17)$$

当 $G^* > 1.96$ 时，表示在 5% 的显著性水平上拒绝了不存在空间自相关的假定，说明存在空间相关性，且存在的是高值的集聚；当 $G^* < -1.96$ 时，表示在 5% 的显著性水平上拒绝了不存在空间自相关的假定，说明存在空间相关性，且存在的是低值的集聚。若关注的是某个区域是高值集聚还是低值集聚，可以使用局部的 Getis-Ord 指数 G 进行解决，具体的 G 为：

$$G = \frac{\sum_{j\neq 1}^{n} w_{ij} x_j}{\sum_{j\neq 1}^{n} x_j} \quad (4-18)$$

以上的空间自相关检验可以根据需要进行检验，这些检验都可以通过软件来实现。Matlab、R、Stata 等软件可以实现空间自相关的检验与空间面板模型的估计。但这些空间自相关的检验只是初步的检验，更进一步的就需要建立空间面板模型进行检验。

4.3.4 空间数据模型

将空间效应考虑进传统的计量经济模型中的重要原因是：将某一国家或地区的某种经济现象作为研究对象时，通常会发现研究对象不仅受到该地区本身的各种因素影响，周围地区的经济因素也同样会对其产生影响。如早期的经济学家们在研究各个国家和地区的经济增长速度时，指出国与国、地区与地区之间在相互贸易时，存在技术扩散与溢出效应，以及区域间的相互交流与学习等因素，导致某一地区的经济增长会受周围地区的影响，某一国家（地区）的经济增长速度会与其周围的国家（地区）表现出一致性。此外，在处理某一国家（地区）外部影响因素时，应基于研究的问题，根据其具体特征，区别对待诸多外部因素。因为不同的外部因素的影响不同，有的显著，有的不显著，且显著程度存在差异，因此，须差别对待不同的具体因素。

4.3.4.1 空间滞后模型

对于空间滞后模型：$y_{it} = \delta \sum_{j=1}^{N} w_{ij} y_{it} + x_{it}' \beta + \mu_i + \varepsilon_{it}$，其中 w_{ij} 是空间权重矩阵 W 中的元素。对于含有固定效应的空间滞后模型，安瑟林等（2008）研究得出，对该模型进行扩展会带来一定的问题，首先，$\sum_{j=1}^{N} w_{ij} y_{it}$ 的内生性违反了不含空间交互项的回归模型的 $E[(\sum w_{ij} w y_{jt}) \varepsilon_{it}] = 0$ 的假定；其次，在估计中要考虑到模型的联系性问题，相同的时间每一个空间点的不同观测值之间的空间依赖性会影响固定效应模型的估计。

最大似然估计（ML）考虑到了内生性，假设空间特定效应是固定的，那么空间滞后模型的对数似然估计为：

$$\log L = -\frac{NT}{2} \log(2\pi\sigma^2) + T\log|I_N - \delta w|$$

$$- \frac{1}{2\sigma^2} \sum_{i=1}^{N} \sum_{t=1}^{T} (y_{it} - \delta \sum_{j=1}^{N} w_{ij} y_{it} - x_{it}\beta - \mu_i)^2 \qquad (4-19)$$

对于式（4-19）中的残差项求偏导数得：

$$\frac{\partial \log L}{\partial \mu_i} = \frac{1}{\sigma^2} \sum_{i=1}^{N} \sum_{t=1}^{T} (y_{it} - \delta \sum_{j=1}^{N} w_{ij} y_{it} - x_{it}\beta - \mu_i) = 0, \; i = 1, \cdots, N$$

$$(4-20)$$

对式（4 - 20）求解得：

$$\mu_i = \frac{1}{T} \sum_{t=1}^{T} (y_{it} - \delta \sum_{j=1}^{N} w_{ij}y_{it} - x_{it}\beta) = 0, \ i = 1, \cdots, N \quad (4-21)$$

李和虞（Lee and Yu，2010a）证明了由于同一时间的每个空间观测值之间存在横截面的依赖性，这个时候空间固定效应与 N 和 T 有关，需要进行修正。当模型中只包含空间固定效应的时候，李和虞（2010a）提出了 BC 校正程序进行偏误的校正：

$$\hat{\sigma}_{BC}^2 = \frac{T}{T-1} \hat{\sigma}^2 \quad (4-22)$$

当 T 很大的时候，对偏误的校正不会产生任何影响，模型中参数的渐近方程矩阵不会随着校正的偏误发生改变。当模型中只存在时间效应的时候，通过式（4 - 23）进行校正：

$$\hat{\sigma}_{BC}^2 = \frac{N}{N-1} \hat{\sigma}^2 \quad (4-23)$$

从式（4 - 23）可知，当 N 很大，校正后的偏误不会对结果产生影响。当模型中同时存在空间与时间固定效应的时候，需要对模型进行校正。对广义嵌套空间模型（GNS）校正的程序如下：

$$
\begin{bmatrix} \hat{\beta} \\ \hat{\theta} \\ \hat{\delta} \\ \hat{\lambda} \\ \hat{\sigma}^2 \end{bmatrix} = \begin{bmatrix} I_K \\ I_K \\ 1 \\ 1 \\ \frac{T}{T-1} \end{bmatrix} \begin{bmatrix} \hat{\beta} \\ \hat{\theta} \\ \hat{\delta} \\ \hat{\lambda} \\ \hat{\sigma}^2 \end{bmatrix} - \frac{1}{N} \left[- \sum (\hat{\beta}, \hat{\theta}, \hat{\delta}, \hat{\lambda}, \hat{\sigma}^2) \right]^{-1} \begin{bmatrix} 0_K \\ 0_K \\ \frac{1}{1-\hat{\delta}} \\ \frac{1}{1-\hat{\lambda}} \\ \frac{1}{2\hat{\sigma}^2} \end{bmatrix}
$$

$$(4-24)$$

其中，$\sum (\hat{\beta}, \hat{\theta}, \hat{\delta}, \hat{\lambda}, \hat{\sigma}^2)$ 是对数似然函数的二阶偏导数与 $-\frac{1}{NT}$ 的期望值。相应地，其他模型只需要去掉与其无关的行就可以。去掉第 2 行和第 4 行就得到本节模型的偏误的校正。

将 $\hat{\sigma}^2_{BC}$ 中的值代入对数似然函数并进行整理，得到参数 β、δ 与 σ^2 的对数似然函数：

$$\log L = -\frac{NT}{2}\log(2\pi\sigma^2) + T\log|I_N - \delta w|$$

$$-\frac{1}{2\sigma^2}\sum_{i=1}^{N}\sum_{t=1}^{T}(y_{it}^* - \delta[\sum_{j=1}^{N}w_{ij}y_{it}]^* - x_{it}^*\beta - \mu_i)^2 \qquad (4-25)$$

其中，* 代表对方程进行了去均值的处理。估计的过程如下所述。

首先，按 $t = 1$，…，N 的顺序把观测值堆积成连续的横截面以此得到 $NT \times 1$ 的向量 Y^* 与 $(I_T \otimes W)Y^*$ 及一个去均值后的 $NT \times K$ 的矩阵 X^*。

其次，Y^* 与 $(I_T \otimes W)Y^*$ 对 X^* 进行回归后的最小二乘（OLS）估计量分别记为 b_0 与 b_1，e_0^* 与 e_1^* 则分别记为其残差，然后对数似然函数进行最大化，得到 δ 的 ML 估计量。集中对数似然函数则可以记为：

$$\log L = C - \frac{NT}{2}\log[(e_0^* - \delta e_1^*)^T(e_0^* - \delta e_1^*)] + T\log|I_N - \delta w|$$

$$(4-26)$$

其中 C 是与 δ 无关的常数。

再次，给定 δ 的估计值，计算出 β 与 σ^2 的估计值的大小：

$$\beta = b_0 - \delta b_1 = (X^{*T}X^*)^{-1}X^{*T}[Y^* - \delta(I_T \otimes W)Y^*]$$

$$\sigma^2 = \frac{1}{NT}(e_0^* - \delta e_1^*)^T(e_0^* - \delta e_1^*) \qquad (4-27)$$

最后，通过计算参数的渐进方差矩阵进行标准误差以及 t 值的计算。这个矩阵是对称的，其中 tr 代表的是矩阵的迹。渐进方差矩阵如下：

Asy. $\text{Var}(\boldsymbol{\beta}, \ \delta, \ \sigma^2) =$

$$
\begin{bmatrix}
\dfrac{X^{*T}X^*}{\sigma^2} & & \\[3ex]
\dfrac{X^{*T}(I_T\otimes W)X^*\boldsymbol{\beta}}{\sigma^2} & T\times tr(\ \tilde{w}\ \tilde{w}\ +\ \tilde{w}^T\ \tilde{w}\ )+\dfrac{\boldsymbol{\beta}^T X^{*T}(I_T\otimes W)X^*\boldsymbol{\beta}}{\sigma^2} & \\[3ex]
0 & \dfrac{T}{\sigma^2}tr(\ \tilde{w}\ ) & \dfrac{NT}{2\sigma^2}
\end{bmatrix}^{-1}
$$

$$(4-28)$$

若假定空间效应是随机的，空间滞后模型的对数似然函数则为：

$$
\log L = -\frac{NT}{2}\log(2\pi\sigma^2) + T\log|I_N - \delta w| + \frac{N}{2}\log\phi^2 - \frac{1}{2\sigma^2}\sum_{i=1}^{N}\sum_{t=1}^{T}(y_{it}^*
$$

$$
- \delta\big[\sum_{j-1}^{N}w_{ij}y_{it}\big]^* - x_{it}^*\boldsymbol{\beta})^2 \tag{4-29}
$$

其中 $y_{it}^* = y_{it} - (1-\varphi)\dfrac{1}{T}\sum_{t=1}^{T}y_{ij}$，$x_{it}^* = x_{it} - (1-\varphi)\dfrac{1}{T}\sum_{t=1}^{T}x_{ij}$，$\phi$ 为数据的横截面成分的权重。

给定 $\boldsymbol{\beta}$、δ 与 σ^2 的估计值，可以利用关于 ϕ 的集中似然函数最大化的方法估计 ϕ 的值，集中似然函数为：

$$
\log L = -\frac{NT}{2}\log[e(\phi)^T e(\phi)] + \frac{N}{2}\log\phi^2 \tag{4-30}
$$

其中 $e(\phi)$ 中的元素可以表述为：

$$
e(\phi)_{it} = y_{it} - (1-\phi)\frac{1}{T}\sum_{t=1}^{T}y_{ij} - \delta\Big[\sum_{j=1}^{N}w_{ij}y_{ij} - (1-\phi)\frac{1}{T}\sum_{t=1}^{T}\sum_{j=1}^{N}w_{ij}y_{ij}\Big]
$$

$$
- \Big[x_{it} - (1-\phi)\frac{1}{T}\sum_{t=1}^{T}x_{ij}\Big]\boldsymbol{\beta} \tag{4-31}
$$

进一步地通过迭代程序进行估计：首先假定 $\boldsymbol{\beta}$、δ 与 σ^2 的值，其次进行迭代直到收敛为止，进而对参数 ϕ 进行估计。

参数的渐进方差为：

Asy. $\mathrm{Var}(\beta,\ \delta,\ \sigma^2) =$

$$
\begin{bmatrix}
\dfrac{X^{*T}X^{*}}{\sigma^2} & & & \\[2.2em]
\dfrac{X^{*T}(I_T\otimes W)X^{*}\beta}{\sigma^2} & T\times tr(\overline{w}\,\overline{w}+\overline{w}^T\overline{w})+\dfrac{\beta^T X^{*T}(I_T\otimes\overline{w}^T\overline{w})X^{*}\beta}{\sigma^2} & & \\[2.2em]
0 & -\dfrac{T}{\sigma^2}tr(\overline{w}) & N\left(T+\dfrac{1}{\varphi^2}\right) & \\[2.2em]
0 & \dfrac{T}{\sigma^2}tr(\overline{w}) & -\dfrac{N}{\sigma^2} & \dfrac{NT}{2\sigma^2}
\end{bmatrix}^{-1}
$$

$$(4-32)$$

4.3.4.2　空间误差模型

对空间误差模型的设定为：

$$y_{it} = x_{it}\beta + \mu_i + u_{it} \tag{4-33}$$

$$u_{it} = \lambda\sum_{j=1}^{N}w_{ij}u_{it} + \varepsilon_{it} \tag{4-34}$$

其中，w_{ij} 是空间权重矩阵 W 中的元素。对含有固定效应的空间误差模型，安瑟林和胡达克等（Anselin et al.，1992）对横截面数据以及 ML 估计方法进行扩展，得到参数的估计值。

那么空间误差模型的对数似然估计为：

$$\log L = -\frac{NT}{2}\log(2\pi\sigma^2) + T\log|I_N - \delta w|$$

$$-\frac{1}{2\sigma^2}\sum_{i=1}^{N}\sum_{t=1}^{T}(y_{it}^{*} - \delta[\sum_{j=1}^{N}w_{ij}y_{jt}]^{*} - (x_{it}^{*}\beta - \lambda[\sum_{j=1}^{N}w_{ij}y_{jt}]^{*})\beta)^2$$

$$(4-35)$$

给定 λ 的估计值，利用 ML 方法，通过一阶的最大化条件可以计算出 β 与 σ^2 估计值的大小：

$$\beta = b_0 - \delta b_1 = ([X^{*} - \lambda(I_T\otimes W)X^{*}]^T[X^{*} - \lambda(I_T\otimes W)X^{*}])^{-1}$$

$$[X^* - \lambda(I_T \otimes W)X^*]^T[Y^* - \lambda(I_T \otimes W)Y^*] \qquad (4-36)$$

$$\sigma^2 = \frac{e(\lambda)^T e(\lambda)}{NT} \qquad (4-37)$$

其中，$e(\lambda) = Y^* - \lambda(I_T \otimes W)Y^* - [X^* - \lambda(I_T \otimes W)X^*]\beta$。

λ 的集中对数似然函数为：

$$\log L = -\frac{NT}{2}\log[e(\lambda)^T e(\lambda)] + T\log|I_N - \delta w| \qquad (4-38)$$

给定 β 与 σ^2 的估计值，可以利用关于 λ 的集中似然函数的最大化的方法估计 λ 的值，进一步通过迭代程序进行估计：首先假定 β 与 σ^2 的值，其次进行迭代直到收敛为止，对参数 λ 进行估计。参数的渐进方差矩阵为：

$$\text{Asy. Var}(\beta, \delta, \sigma^2) = \begin{bmatrix} \dfrac{X^{*T}X^*}{\sigma^2} & & \\ 0 & T \times tr(\tilde{w}\tilde{w} + \tilde{w}^T\tilde{w}) & 0 \\ 0 & \dfrac{T}{\sigma^2}tr(\tilde{w}) & \dfrac{NT}{2\sigma^2} \end{bmatrix}^{-1}$$

$$(4-39)$$

若空间效应是随机的（Anselin, 1998；Elhorst, 2003），那么空间误差模型的对数似然估计为：

$$\log L = -\frac{NT}{2}\log(2\pi\sigma^2) + (T-1)\sum_{j=1}^{N}\log|B| - \frac{N}{2}\sum_{j=1}^{N}\log|V|$$

$$- \frac{1}{2\sigma^2}e^T\left(\frac{1}{T}\iota_T\iota_T^T \otimes V^{-1}\right)e - \frac{1}{2\sigma^2}e^T\left(I_T - \frac{1}{T}\iota_T\iota_T^T\right) \otimes (B^TB)e \qquad (4-40)$$

其中，$V = T_\varphi I_N + (B^TB)^{-1}$，$B = I_N - \lambda w$，$e = Y - X\beta$。由于矩阵 V 的估计很复杂，埃洛斯特等（Elhorst et al., 2003）通过将格里菲斯（Griffith, 1998）得到的空间权重矩阵 W 的特征根的函数代入 $\log|V|$ 中进行处理，即：

$$\log|V| = \log|T_\varphi I_N + (B^TB)^{-1}|$$

$$= \sum_{i=1}^{N}\log\left[T\varphi + \frac{1}{(1-\lambda w_i)^2}\right] \qquad (4-41)$$

埃洛斯特（2003）认为可以采用下面的转换形式：

$$y_{it}^* = y_{it} - \lambda \sum_{j=1}^{N} w_{ij}y_{jt} + \lambda \left\{ p_{ij} - (1 - \lambda w_{ij}) \frac{1}{T} \sum_{t=1}^{T} y_{ij} \right\} \quad (4-42)$$

其中上式对不同的观测值 x_{it} 是一样的，p_{ij} 则是 $N \times N$ 的矩阵中的元素，虽然在 N 比较大的时候得到的 P 的行列式有问题，但是在合理的时间内，当 N 不超过 4000，通过这样的程序去估计的结果还是很好的。

通过上面的两个方程式，可以对对数似然函数进行简化，简化后整理得：

$$\log L = -\frac{NT}{2}\log(2\pi\sigma^2) + T\sum_{j=1}^{N}\log(1 - \lambda w_i)$$

$$-\frac{1}{2}\sum_{j=1}^{N}\log[1 + (1 - \lambda w_i)^2] - \frac{1}{2\sigma^2}e^{\circ T}e^{\circ} \quad (4-43)$$

其中，$e^{\circ} = Y^{\circ} - X^{\circ}\beta$，通过求一阶导数的最大化条件对参数进行估计，通过一阶最大化的条件得：

$$\beta = (X^{\circ T}X^{\circ})^{-1}X^{\circ T}Y^{\circ}, \ \sigma^2 = \frac{1}{NT}(Y^{\circ} - X^{\circ}\beta)^T(Y^{\circ} - X^{\circ}\beta) \quad (4-44)$$

将式（4-44）中计算的值代入对数似然函数中，可以得到关于 λ 与 φ 集中对数似然函数，具体为：

$$\log L = C - \frac{NT}{2}\log[e(\lambda, \varphi)^T e(\lambda, \varphi)] + T\sum_{j=1}^{N}\log(1 - \lambda w_i)$$

$$-\frac{1}{2}\sum_{j=1}^{N}\log[1 + T\varphi(1 - \lambda w_i)^2] \quad (4-45)$$

通过对 β 与 σ^2 或者 λ 与 φ 进行不断的迭代直到收敛为止，如果给定的是 λ 与 φ 的值，则可以通过 OLS 回归得到 β 与 σ^2 的估计值，但若给定的是 β 与 σ^2 的值，由于方程没有具体的解析式，因此需要通过数值分析的方法得到 λ 与 φ 的估计值。

巴尔塔吉等（Baltagi，2007）则推导出了模型的渐进方程矩阵，通过给出序列误差自相关及空间误差自相关的检验方法，通过联合的方法对模型进行建模。埃洛斯特（2008a）也证明了对序列及空间误差自相关进行联合建模的时候会导致空间及序列自相关系数的权衡，忽略这些因素可能造成估计的结果是无效的，也是不稳定的，但是当把序列自相关的系数设为 0，则上述问题就消失了，因此当序列自相关的系数设置为 0，就可以得到渐进方差矩阵。

4.3.4.3 空间滞后模型（SAR）、空间杜宾模型（SDM）

模型可以通过下式进行生成：

$$y = \rho Wy + X\beta + WX\theta + \varepsilon, \quad \varepsilon \sim N(0, \sigma^2 I_N) \tag{4-46}$$

也可以表示为：

$$y = (I_N - \rho W)^{-1}(\alpha \iota_N + X\beta + WX + \varepsilon), \quad \varepsilon \sim N(0, \sigma^2 I_N) \tag{4-47}$$

其中，0 代表 $N \times 1$ 的 0 向量，ι_N 代表与常数项 α 无关的 $N \times 1$ 阶的向量。通过定义：$Z = [\iota_N, X, WX]$，$\delta = [\alpha, \beta, \theta]^T$，可将上述模型写作 SAR 模型，因此 SAR 模型与 SDM 模型可以具有相同似然函数的形式，SAR 模型中 $Z = [\iota_N, X]$，SDM 中 $Z = [\iota_N, X, WX]$，即：

$$y = \rho Wy + Z\delta + \varepsilon, \quad \varepsilon \sim N(0, \sigma^2 I_N) \tag{4-48}$$

或者

$$y = (I_N - \rho W)^{-1} Z\delta + (I_N - \rho W)^{-1}\varepsilon, \quad \varepsilon \sim N(0, \sigma^2 I_N) \tag{4-49}$$

通过对数似然函数对 SDM（或 SAR）进行估计。最大似然函数的形式如下（Anselin，1988）：

$$\ln L = -\frac{N}{2}\ln(\pi\sigma^2), \quad e = y - \rho Wy - Z\delta, \quad \rho \in [\min(w) - 1, \max(w) - 1]$$

$$\tag{4-50}$$

其中，w 是矩阵 W 中的 $N \times 1$ 阶的特征值向量，若 w 只是包含真实的特征值，则当 $\rho \in [\max(w)^{-1}, \min(w)^{-1}]$ 时就可以得到一个正定的方差—协方差矩阵。巴里和佩斯（Barry and Pace，1999）指出，可以通过最大特征值衡量加权矩阵。这种情况下，需要考虑 ρ 的取值范围。通过对上述对数似然函数简化进行估计。佩斯和巴里（Pace and Barry，1997）提出了一个简化的方法，简化系数 δ 与 σ^2，具体为：

$$\ln L = \kappa + \ln|I_N - CW| - \frac{N}{2}\ln[S(\rho)] \tag{4-51}$$

$$S(\rho) = e(\rho)^T e(\rho) = e_0^T e_d + \rho^2 e_d^T e_d$$

$$e = e_0 - \rho e_d$$

$$e_0 = y - Z\delta_0$$

$$e_d = Wy - Z\delta_d$$

$$\delta_0 = (Z^T Z)^{-1} Z^T Y$$

$$\delta_d = (Z^T Z)^{-1} Z^T WY \tag{4-52}$$

其中，κ 是一个常数项且不依赖于 ρ 的大小。对于标量参数 ρ，佩斯和巴里（1997）提出，通过使用 ρ 的取值范围在 $[\rho_{\min}, \rho_{\max}]$ 之间的一个 $q \times 1$ 的向量对数似然函数的最优化问题进行估计。最大似然估计也可以通过一系列的单变量最优化工具进行估计，如：基于 ρ 的栅格值向量化的方法，Nelder-Mead 单一或者二分的搜索方案等。总之有许多方法可简化 SDM 与 SAR 模型的最大似然函数的估计问题，这些方法减少了大样本研究中所需要的计算量以及计算速度，对于 SDM 的估计是通过 MATLAB 编程来完成的。

4.3.4.4 直接与间接效应

有一些学者使用一个或多个空间回归模型的点估计来判断是否存在间接效应。萨热和佩斯（LeSage and Pace，2009）认为这样的点估计可能会造成错误的决定。

对于一般的嵌套模型可以写为：

$$y = (I_N - \rho W)^{-1}(X\beta + WX\theta) + R \tag{4-53}$$

其中，R 是包含了误差项及截距项的剩余项，对于 Y 的期望，对 X 求偏导数有：

$$
\begin{bmatrix}
\dfrac{\partial E(y_1)}{\partial x_{1k}} & \cdot & \dfrac{\partial E(y_1)}{\partial x_{Nk}} \\
\cdot & \cdot & \cdot \\
\dfrac{\partial E(y_N)}{\partial x_{1k}} & \cdot & \dfrac{\partial E(y_N)}{\partial x_{Nk}}
\end{bmatrix}
= (I - \delta W)^{-1}
\begin{bmatrix}
\beta_k & \omega_{12\theta_k} & \cdot & \omega_{1N\theta_k} \\
\omega_{21\theta_k} & \beta_k & \cdot & \omega_{2N\theta_k} \\
\cdot & \cdot & \cdot & \cdot \\
\cdot \ \omega_{N1\theta_k} & \omega_{N2\theta_k} & \cdot & \beta_k
\end{bmatrix}
$$

$$(4-54)$$

从上述结果可以看出，对于第 k 个解释变量对应的 Y 的期望值有以下三点特征：第一，一个特定的解释变量不仅改变了这个单位自身的被解释变量也会改变其他单位的被解释变量。第一种改变的是直接效应，第二种则是间接效应，可以看出，偏导数的主对角线上的元素代表的是直接效应，非对角线上的元素则是间接效应。当 $\delta = 0$ 且 $\theta_k = 0$ 时，此时非对角线上的所有元素的值都为 0，间接效应就不存在了。第二，对于样本中不同单位而言，直接与间接效应对它们的影响是不同的，原因在于，对于直接效应而言，$\delta \neq 0$ 时，矩阵 $(I - \delta W)^{-1}$ 上的主对角线上的元素对不同单位对应的值不同；对于间接效应，当 $\delta \neq 0$ 时或者 $\theta_k \neq 0$ 时，矩阵 $(I - \delta W)^{-1}$ 和矩阵 W 上的非对角线上的元素对不同的单位对应的值不同。第三，当 $\theta_k \neq 0$ 时，对应的间接效应也称为局部效应，由于其效应只产生于这个单位近邻的集合；对于 $\delta \neq 0$ 时，对应的间接效应被称为全局效应，由于其效应不只是产生于近邻的集合；但是当 $\delta \neq 0$ 且 $\theta_k \neq 0$ 时，此时全局效应与局部效应都存在，无法具体地区分。

由于直接与间接效应对样本中不同单位的影响不同，因此需要知道这些影响的具体表现形式，对 N 个空间单位与 K 个解释变量，则可以得到 K 个不同的 $N \times N$ 的直接与间接效应的矩阵，即使在 N 与 K 的值都比较小的时候，报告这些结果也是困难的，因此为了提高模型的估计结果的区分度，萨热和佩斯（2009）提出直接与间接效应的概括性指标，直接效应则利用式（4-54）矩阵 $(I - \delta W)^{-1}$ 对角线元素的均值表示，间接效应则利用这个矩阵的非对角线上元素的行或者列的均值表示。平均的行效应代表的是一个外生变量的所有的元素都发生一个单位的变化对因变量的特定元素的影响，而平均的列效应代表的是一个外生变量的所有元素都发生一个单位的变化对其他单位的因变量的特定元素的影响。间接效应对两种方式计算的数值是相等的，一般来讲，间接效应可以解释为：外生变量的一个特定元素的变化对其他单位的因变量的影响。

对于不同模型的直接与间接效应的值大小，哈勒克和埃洛斯特（Haleck and Elhorst，2012）对任意的空间权重矩阵给出了总结。SEM 模型在 OLS 模型的基础上加了一个空间自相关误差项，由于系数是因变量对解释变量的偏导数，干扰没有起到作用，因此，直接和间接效应与 OLS 估计是一样的，因此，它们的直接效应也就是其系数值，间接效应为 0。对于自变量空间滞后模型（SLX）与空间杜宾误差模型（SDEM）直接效应就是其估计系数，间接效应对应的是空间滞后项的估计系数的值。与 $(I-\delta W)^{-1}$ 相乘形成不同模型的时候，效应的值就变得复杂，$(I-\delta W)^{-1}$ 可以视为空间乘子矩阵的分解值，具体如下：

$$(I-\delta W)^{-1}=I+\delta W+\delta^2 W^2+\delta^3 W^3+\cdots \qquad (4-55)$$

右边的第一项代表变量 X 的直接效应，把矩阵 W 的幂设置为 1，代表的是一阶邻居的间接效应的值，更高的幂值反映的是反馈效应的值。对于 SDM 模型，特定的自变量的直接与间接效应的值也取决于这个变量的空间滞后值的系数的大小，出现这种现象的原因是没有对直接与间接效应的数值的大小提前进行约束，因此，直接与间接效应的值对不同的模型不同。表 4.3 给出了不同模型的直接与间接效应。

表 4.3 不同模型中的直接与间接效应的值

模型	直接效应	间接效应
OLS/SEM	β_k	0

续表

模型	直接效应	间接效应
SAR/SAC	$(I-\delta W)^{-1}\beta_k$ 的对角线元素的值	$(I-\delta W)^{-1}\beta_k$ 的非对角线元素的值
SLX/SDEM	β_k	θ_k
SDM/GNS	$(I-\delta W)^{-1}(\beta_k+W\theta_k)$ 的对角线元素的值	$(I-\delta W)^{-1}(\beta_k+W\theta_k)$ 的非对角线元素的值

间接效应的检验需要通过解释变量所估计的间接效应来检验。穆德等（Mood et al.，1974）指出，直接与间接效应的离散程度的计算可以通过把这些公式用在随机变量的总和、乘积、差分和商值的计算上。由于偏导数的复杂性，不可能推导出一个通用的方法。萨热和佩斯（2009）提议利用最大似然估计所得到的方差—协方差的矩阵对直接与间接效应进行模拟。

对一般的 GNS 模型，当不存在异方差的情形下，对应的方差—协方差的形式为：

$$Var(\tilde{\alpha},\ \tilde{\beta},\ \tilde{\theta},\ \tilde{\delta},\ \tilde{\sigma}^2)=$$

$$\begin{bmatrix} \dfrac{(B\tilde{X})^T B\tilde{X}}{\sigma^2} & \dfrac{(B\tilde{X})^T B\tilde{W}_\delta \tilde{X}\hat{\gamma}}{\sigma^2} & 0 & 0 \\[2ex] X^{*T}(I_T\otimes W)X^*\beta & T\times tr(\tilde{W}_\delta\tilde{W}_\delta+B\overline{W}B^{-1})+\dfrac{(B\tilde{W}_\delta\tilde{X}\hat{\gamma})^T B\tilde{W}_\delta\tilde{X}\hat{\gamma}}{\sigma^2} & \dfrac{trace(\tilde{W}_\lambda^T B\tilde{W}_\delta B^{-1}+W\tilde{W}_\delta B^{-1})}{\sigma^2} & \dfrac{trace(B\tilde{W}_\delta B^{-1})}{\sigma^2} \\[2ex] \cdot & \cdot & trace(\tilde{W}_\lambda\tilde{W}_\lambda+\tilde{W}_\lambda^T\tilde{W}_\lambda) & 0 \\[2ex] \cdot & \cdot & 0 & \dfrac{N}{2\sigma^2} \end{bmatrix}^{-1}$$

(4-56)

为了简化，其中 $B=I-\tilde{\lambda}W$，$\tilde{W}_\delta=W(I-\tilde{\lambda}W)^{-1}$，$\tilde{W}_\lambda=W(I-\tilde{\lambda}W)^{-1}$，$\tilde{X}=[\iota_N XWX]$ 且 $\tilde{\gamma}=[\hat{\alpha}\hat{\beta}^T\hat{\theta}^T]^T$，假设有 D 个组合的抽样，且每一个解释变量的直接与间接效应由每个参数组合决定，总体效应可以通过这 D 个抽样的均值近似得到，显著性则可以通过其均值除以对应的标准差得到。若 μ_{kd} 表示的是抽样 d 的第 k 个解释变量的间接效应，则所抽样的总体效应及

对应的 t 值为：

$$\bar{\mu}_k = \frac{1}{D} \sum_{d=1}^{D} \mu_{kd}, \ t = \frac{\bar{\mu}_k}{\frac{1}{D-1} \sum_{d=1}^{D} (\mu_{kd} - \bar{\mu}_k)^2} \quad (4-57)$$

4.4　空间相关性分析与实证研究

4.4.1　人口迁移意愿的空间分布

通过国家卫计委 2016 年全国流动人口动态监测调查数据可知，中国人口迁移意愿不超过 0.5 的城市有 71 个，在 0.5 以上的城市有 209 个，在 0.8 及以上的城市有 31 个，这也表明人口的流动是趋势，但也有部分城市存在回流或者继续流动的趋势，这部分城市主要是在我国南方，在居留意愿比较高的城市中前几名分别是齐齐哈尔市（黑龙江省）、泰安市（山东省）、鹤岗市（黑龙江省）、盐城市（江苏省）、朝阳市（辽宁省）、德州市（山东省）、潍坊市（山东省），居留意愿比较高的城市主要在我国的北方城市。

4.4.2　局部相关与空间自相关的检验结果

利用空间自相关对全部流动人口数据、乡—城流动人口及城—城流动人口的数据分别进行检验，结果如表 4.4 所示。通过 Moran's I 的检验结果得到：迁移意愿不存在全局空间相关性；通过 Geary's C 的局部相关性检验得到：在 10% 的显著性水平上，迁移意愿存在空间局部相关性。因此，基于流动人口数据、乡—城流动人口及城—城流动人口的迁移意愿都存在局部空间相关性。

表 4.4   空间相关性的检验结果

项目	流动人口	乡—城流动人口	城—城流动人口
Moran's I	0.147（1.250）	0.138（1.170）	0.067（0.562）
Geary's C	0.730（1.482）*	0.757（1.319）*	0.718（1.413）*

注：括号内为统计量值，*代表在 10%的水平上显著。

4.4.3　迁移意愿的影响因素

考虑到变量之间可能存在多重共线性，利用逐步回归的方法剔除变量，利用保留的变量建立相应的回归模型。对表 4.5 中 OLS 回归的结果进行空间检验，确定是否含有空间效应。表 4.6 给出了模型选择的结果，结果表明，对样本中的全部流动人口数据与乡—城流动人口数据，LM（lag）与 Robust LM（lag）值在 10%的水平上是显著，但是对城—城流动人口，利用 LM 检验无法得出城—城流动人口存在空间效应。因此，基于表 4.6 中空间检验的结果，对全部样本与乡—城流动人口利用空间滞后模型进行解释，对城—城流动人口利用 OLS 模型进行解释。

表 4.5   居留意愿的实证结果

变量	OLS	SEM	OLS	SEM	OLS
	全部样本		乡—城流动人口		城—城流动人口
$X1$	0.024*** (5.45)	0.022*** (5.31)	0.027*** (5.83)	0.025*** (5.68)	0.024*** (5.19)
$X2$	-0.331*** (-9.82)	-0.330*** (-10.14)	-0.312*** (-9.35)	-0.311*** (-9.65)	-0.225*** (-4.76)
$X3$	-0.092*** (-3.88)	-0.092*** (-3.98)	-0.087*** (-3.72)	-0.086*** (-3.83)	-0.063 (-2.04)

续表

变量	OLS	SEM	OLS	SEM	OLS
	全部样本		乡—城流动人口		城—城流动人口
X4	-0.578 *** (-5.94)	-0.598 *** (-6.33)	-0.541 *** (-5.62)	-0.568 *** (-6.06)	-0.268 (-2.87)
X5	-0.034 (-1.36)	-0.038 (-1.57)	-0.036 (-1.46)	-0.041 * (-1.73)	0.036 (1.19)
X6	0.001 (0.24)	0.001 (0.14)	0.002 (0.53)	0.002 (0.52)	-0.007 * (-1.90)
X7	0.088 ** (2.33)	0.089 ** (2.43)	0.100 ** (2.51)	0.103 *** (2.69)	0.078 * (1.87)
X8	0.218 ** (2.40)	0.182 * (2.04)	0.185 ** (2.03)	0.146 (1.63)	-0.022 (-0.23)
X9	-0.085 (-1.00)	-0.095 (-1.06)	-0.055 (-0.64)	-0.070 (-0.86)	-0.127 * (-1.71)
X10	0.119 (1.13)	0.119 (1.17)	0.270 ** (2.09)	0.276 ** (2.21)	-0.0003 (-0.00)
X11	0.153 * (1.87)	0.199 ** (2.42)	0.140 * (1.71)	0.193 ** (2.34)	0.231 *** (2.66)
X12	0.135 (0.85)	0.101 (0.65)	0.002 (1.04)	0.001 (0.79)	-0.002 (-0.78)
X13	0.034 ** (2.38)	0.0.36 ** (2.60)	0.030 ** (2.04)	0.032 ** (2.25)	0.085 *** (3.72)
Constant	-0.247 (-0.67)	-0.228 (-0.64)	-0.385 (-0.99)	-0.392 (-1.04)	-0.672 (-1.69)
$W \times Y$		-0.001 ** (-2.10)		-0.001 ** (-2.32)	

注：括号内为统计量值；*、**、*** 分别代表在10%、5%、1%的水平上显著。

表 4.6 空间模型的检验结果

空间检验		统计量值	P 值	统计量值	P 值	统计量值	P 值
		全部流动人口		乡—城流动人口		城—城流动人口	
空间误差	Moran's I	0.162	0.871	0.160	0.873	0.083	0.934
	LM	0.164	0.685	0.151	0.697	0.059	0.808
	Robust LM	0.618	0.432	0.679	0.410	0.250	0.617
空间滞后	LM	2.950	0.086	3.366	0.067	0.673	0.412
	Robust LM	3.403	0.065	3.894	0.048	0.864	0.353

通过表 4.6，利用 SEM 模型对全部样本的流动人口与乡—城流动人口的回归结果进行解释，利用 OLS 回归对城—城流动人口的迁移意愿的回归结果进行解释。关于流入城市的内部结构变量，对不同的样本都有以下结果：流入地停留时间对迁移意愿存在显著正的影响，流入地停留的时间越长，流动人口的迁移意愿越强；跨省流动人数占比对迁移意愿存在显著负的影响，因此，相比本省流动人口，跨省流动人口的迁移意愿更小；流动次数对迁移意愿有着显著负的影响，也就是说流动次数越多，居民越不容易在流入的城市定居；未婚流动人口所占的比重对迁移意愿有显著负的影响，表明未婚的人口迁移意愿更小；家庭月支出对迁移意愿存在显著正的影响，支出越多的家庭，对应的家庭收入水平也越高，在该城市迁移的意愿也就越强；在本地缴纳医疗保险占比显著促进了流动人口的迁移意愿，即在本地缴纳医疗保险的人在该流入城市的社会福利更好，更倾向于在该城市居留。家庭同住成员数在 10% 的显著性水平上降低了乡—城样本迁移意愿，这可能是从农村流动到城市的人口，家庭同住的人口越多，他们面临的生活压力越大，迁移意愿相对较低；流动人口平均年龄只对城—城流动人口在 10% 的水平上显著，这表明对城—城流动人口，年龄越大迁移意愿越低；本地养老保险占比促进了样本全部流动人口的迁移意愿；高中毕业人口占比对城—城流动人口的迁移意

愿在 10% 的显著性水平上存在负的影响；大学毕业人口占比对乡—城流动人口的迁移意愿存在显著正的影响，高学历相比低学历而言，乡—城流动人口具有更强的迁移意愿，这也与 2018 年各城市的"抢人才"战略相一致。

对于流动的外部影响因素与空间效应：第一产业就业人数占比并没有显著促进流动人口的迁移意愿，但为了衡量外部因素的影响，保留了该变量；人均地区生产总值的对数显著促进了流动人口的迁移意愿，也就是说人均地区生产总值更高的城市更容易留住流动人口，相对而言大城市的人均地区生产总值更高，这表明可以进一步通过户籍制度改革，促进这部分人的居留。对于总体流动人口与乡—城流动人口样本，进一步通过 wald 统计量、似然比函数与拉格朗日检验都得出了流动人口迁移意愿存在空间效应。表 4.6 利用 SEM 回归结果表明，流动人口的迁移意愿存在空间负效应，也就是说在本城市更强的迁移意愿降低了距离较近城市的迁移意愿，这或许是该城市更强的经济发展吸引了流动人口的流入，相近的区域因为该城市更好的福利等更倾向于流入该城市。

4.5　本章小结

本章利用 2016 年全国流动人口的动态监测调查数据与《中国城市统计年鉴》的数据，通过空间分布分析、空间自相关分析与空间模型分析研究了中国流动人口迁移意愿的影响因素与地区差异，通过研究得到以下结论。

（1）我国流动人口迁移意愿在空间上是北高南低，通过空间相关性检验得到流动人口存在局部空间正相关。

（2）我国流动人口迁移意愿的影响因素主要包括内部与外部影响因素，相对于外部影响因素，内部因素的影响更大。内部影响因素中，流入地停留时间、家庭月支出、本地缴纳医疗保险显著促进了全部样本流动人口、乡—

城流动人口与城—城流动人口的迁移意愿；跨省流动人数占比值、流动次数、未婚流动人口所占的比重显著降低了全部样本流动人口、乡—城流动人口与城—城流动人口的迁移意愿。家庭同住成员数在10%的显著性水平上降低了乡—城样本流动人口的迁移意愿；大学毕业人口占比对乡—城流动人口的迁移意愿存在显著正的影响；本地养老保险占比显著促进了全部样本流动人口的迁移意愿；高中毕业人口占比显著降低了城—城流动人口的迁移意愿。

（3）关于外部因素的影响与空间效应，人均地区生产总值显著促进了流动人口的迁移意愿；对总体流动人口与乡—城流动人口调研数据，流动人口的迁移意愿存在空间负效应，也就是说迁移意愿强的城市对于距离更近城市的迁移意愿产生了挤出效应。

通过以上分析，提出了以下政策建议。

（1）需要更加重视我国存在的流动人口居留与户籍制度之间的政策矛盾，通过引导我国流动人口在不同城市之间合理流动来解决这一矛盾。我国中小城市流动人口的迁移意愿相对较高，应该根据新型城镇化的指导意见，发挥中小城市的产业集聚能力与潜力，缓解大城市的压力；另外，根据我国流动人口迁移意愿的影响因素与空间分布，制定与我国流动人口相关的产业、公共化与户籍制度等相关政策，促进流动人口在不同城市之间合理分布与有序流动，解决流动人口居留意愿与户籍政策之间的矛盾，促进城市与流动人口居留之间的和谐发展。

（2）根据流动人口迁移意愿影响因素的研究，流入地停留时间、家庭月支出、本地缴纳医疗保险、跨省流动人数占比值、流动次数、未婚流动人口所占的比重、家庭同住成员数、大学毕业人口占比、流动人口平均年龄、本地养老保险占比、高中毕业人口占比对全部样本的流动人口、城—城流动人口、乡—城流动人口有着重要影响，我国大中小城市应根据流动人口内部影响因素中的人口、经济、社会、流动特征变量，制定吸引本省人口流入并且可以增强流动人口迁移意愿的政策，促进城市的发展。针对外部影响因素，应该更好地提升大中小城市的经济实力。针对我国社会发展水平较高的沿海的中小城市，应该更多地考虑可能会影响流动人口的社会因素，为居留人口的落户等制定有利的政策，进而不断改善这部分城市的就业水平，包含流动人口的住房市场、医疗保障、子女教育等，为流动人口的迁移奠定更有利的基础。对于我国的中西部小城市，应该考虑到经济社会的影响因素，增加流动人口在这些城市的就业机会与收入，增强他们的落户意愿，推动该地的城镇化发展。

（3）流动人口的迁移意愿存在空间效应，针对我国目前较为单一的人口发展模式，需进一步考虑跨区域的影响。在政策的制定上要考虑到地理位置上的跨城市规划，完善人口、土地、社会保障的管理机制，从空间的角度解决流动人口的合理分布。在流动人口的居留问题上，应该考虑到该城市的社会及经济发展水平，营造更加包容的城市以吸引流动人口，让流动人口有归属感，在吸引外来流动人口的同时，充分考虑流动人口的家庭，制造更多元化的岗位，吸引流动人口居留；同时，在中小城市的发展中，由于中小城市依赖于大城市发展，利用大城市带来的交通、信息等，中小城市也可以享受大城市的溢出效应，促进大中小城市共同发展。

|第5章|

城市规模对流动人口迁移意愿的影响

5.1 引　言

推进 1 亿农业户籍转移人口在城市落户是 2019 年新型城镇化建设重点任务的总体目标。截至 2020 年底，流动人口数量已经达到 3.76 亿人。因此，流动人口的居留是新型城镇化所关注的问题。随着我国户籍制度不断改革以及流动人口在城市生存状况不断改善，只是简单的城市户口已经不能完全吸引人口迁移定居。预计未来流动人口在城市的迁移意愿会继续增加，随着流动人口在城市流动时间的增加及其经验的积累，长期居留在务工城市将会成为流动人口的优先选择（杨雪、魏洪英，2017）。因此，研究影响人口流动迁移意愿的因素对流动人口真正融入该城市，成为真正的本地人，完善对流动人口的管理与服务具有重要意义。

《2019 年新型城镇化建设重点任务》中指出，继续加大我国户籍改革的力度，对城区中常住人口在 300 万人以下的城市全面取消落户限制；对城区常住人口介于 300 万～500 万人的城市逐步放宽落户；对特大超大城市逐步完善积分落户政策。随着不同规模城市放松落户政策，人口的流动迁移意愿在不同规模城市间是否有差异呢？本书基于 2017 年中国流动人口动态监测数据，利用 LASSO 方法筛选出对人口流动迁移意愿具有代表性的指标进行分析，试图发现不同规模城市流动人口迁移意愿的新特征，弥补现有研究的不足。

5.1.1　城市规模与人口迁移流动现状分析

不同规模的城市就业机会、教育、医疗、公共服务等也不同，这些因素都会影响人口流动。大城市具有高收入、易就业等优势，会吸引人口的流入，人口更倾向于流入大城市，在中小城市呈现出流动性比较强的特征（刘涛等，2015；盛亦男，2016）。在这种情形下，家庭同住成员数、对城市融入感以及在城市所获得的基本公共服务对不同规模城市人口流动的影响可能存在差异（杨晓军，2017；侯慧丽，2017；林李月等，2019）。不同规模城市在人口数量、收入水平、公共服务、产业发展、经济前景等方面都存在差异（杨曦，2017；刘乃全等，2017）。因此，研究不同城市规模对人口迁移流动的影响有助于不同规模城市因地制宜制定政策以促进流动人口居留。

最佳城市规模一直是城市经济学的一个研究重点（Glaeser，2010；Henderson，2006；Tolley and Criffield，1987）。由于收入限制和中国的二元市场结构，大多数农村移民倾向于在城市中"流浪"，这表明政府和市场都失灵了（Chen et al.，2018；Han and Lu，2017）。由于我国区域空间分布的差异，城市之间存在着显著的差异。然而，中国移民的城市化道路是统一的。研究表明，关于中国移民在大城市的城市化道路，存在两种争论：过度发展和发展不足（Han and Lu，2017）。因此，有必要从城市规模的角度考虑新生代流动人口居留的异质性，探讨城市规模对人口迁移流动选择的影响（Song，2014；Zhang et al.，2015），进而更好地助力城市发展。

5.1.2 房价与人口迁移流动

目前，社会上已有关于房价过高导致居民"逃离北上广"等一线大城市的讨论，但直接讨论房价对新生代人口迁移流动决策的研究不多。高波（2012）通过考察中国 35 个大中城市从 2000～2009 年的面板数据，研究发现城市房价的提升会引起劳动力流出。由于"住"是农村劳动力进入城市中生活的基本需求，当城市住房价格上涨，就会导致流动人口的生活成本提高，对农村流动人口进入城市及居留产生阻碍（高波等，2013）。上述研究主要采用宏观数据，宏观数据无法直接反映个体的决策。人口流入城市购房会受到房价的影响，大城市的房价过高可能会降低新生代人口的迁移流动。因此，对于研究大城市房价收入比对新生代人口迁移流动的影响，有助于更好地留住新生代人口。

5.1.3 城市规模与人口迁移流动述评

大量学者研究了人口迁移流动的影响因素。但以下几点仍值得进一步研究：多数研究在选择影响因素时并未考虑所选变量的有效性以及变量可能存在的估计偏差，且当前研究很少针对不同人口规模城市进行研究；此外，由于调研数据来源与指标选取不同，关于人口迁移意愿的度量尚未达成共识，以往的研究大多关注人口迁移意愿的某一侧面，本书通过是否愿意在本地停

留、愿意在本地停留的时间以及是否愿意将户口迁入本地三个变量构建人口
迁移意愿的综合指标。因此，本书将通过三个变量构建居留意愿的综合指标，
用新近统计学 LASSO 方法从个体特征、收支状况、健康状况、社会融合、流
动特征等维度选择重要的变量。最后利用序次 Logit 模型研究城市规模与人口
迁移意愿，并研究不同规模城市的人口迁移意愿的影响因素，推动新型城镇
化建设。

5.2 城市规模影响流动人口居留意愿

5.2.1 数据描述与分析

5.2.1.1 数据描述

本书选用 2017 年国家卫计委调研的流动人口动态监测数据，该数据通过
分层、PPS 以及多阶段抽样方法获取子样本，包括 31 个省、自治区、直辖市
以及新疆生产建设兵团，总共 16.9 万份数据，调研对象是年龄不低于 15 岁
且流动到该居住地时间一个月以上的人口。该调查数据包括家庭成员基本信
息、收支状况、就业以及公共服务等方面，该数据为流动人口的发展与服务
管理提供了支持。对于新生代流动人口选取出生在 20 世纪 80 年代和 90 年代
的人口作为研究对象。

5.2.1.2 变量选取

（1）被解释变量。将调查问卷中的"停留意愿""长期居住意愿""户
籍迁入意愿"3 个指标结果叠加起来，衡量流动人口的城市迁移意愿。3 个

指标对应的问题分别是："在今后的一段时间内，你是否有继续留在本地的打算"，"如果您打算留在本地，您预计自己将在本地留多久"，"如果您符合本地落户条件，您是否愿意把户口迁入本地"。流动人口往往先有居留打算，才有长期居住甚至定居及迁入户口的打算，真正实现行为上的永久居住，因此，这 3 项指标是同向指标。在实证分析过程中，将前两者选择"考虑停留"和"愿意迁入户籍"取值为 1，否则为 0，在长期居留意愿中，"停留 6 ~ 10 年"为 1，"10 年以上及定居"为 2，其他为 0；将这 3 个指标等权加总，用来测量流动人口城市迁移意愿程度的强弱，城市迁移意愿被表达成取值范围为（0，1，2，3，4）的序次变量，其中，0 表示"无居留意愿"，1 表示"低居留意愿"，2 表示"中居留意愿"，3 表示"中高居留意愿"，4 表示"高居留意愿"。

（2）核心解释变量：城市规模。本书根据 2014 年提出的城市规模划分的标准将城市分为了六类。第一类为城区人口在 1000 万人以上的超大城市，包括上海、北京、重庆、天津、广州和深圳，并将这类赋值为 6；第二类为城区人口在 500 万 ~ 1000 万人的特大城市，共涉及 10 个城市，赋值为 5；第三类为城区人口在 300 万 ~ 500 万人的 I 型大城市，共涉及 21 个地级市，赋值为 4；第四类为城区人口在 100 万 ~ 300 万人的 II 型大城市，涉及 101 个地级市，赋值为 3；第五类为城区人口在 50 万 ~ 100 万人的中等城市，涉及 91 个地级市，赋值为 2；第六类为城区人口在 50 万人以下的小城市，赋值为 1。

（3）其他解释变量。将可能会影响流动人口迁移意愿的因素分为五类。第一类是个人基本状况，包含家庭成员数、性别、年龄、受教育水平、是否非农户口、是否党员或者团员。第二类是收支状况，包含了每月总支出与总收入、主要职业、是否自有住房以及每月住房支出费用等变量；其中主要职业借鉴已有学者（林李月等，2019）的分类，白领人员赋值为 0，包括国家机关、企事业单位工作人员、公务员、专业技术人员等。商业服务业人员赋值为1，包括经商、餐饮、家政、保安、快递、装修等商业与服务人员。生产运输设备操作人员赋值为2，包括生产运输、建筑及与之相关人员。其他人员赋值为3，包括没有固定职业及农林牧渔等有关生产人员。没有就业者赋值为4，指的是目前没有工作的人员。第三类是流动特征，包含总共流动的城市数量、父亲或母亲是否有流动经历、经常交流的人群中是否多为落户流入地的同乡或其他本地户籍的人口、是否独自流动、是否跨省流动、流动时间、是否因为工作流动等变量。第四类是健康水平，包括流动人口的健康状况、是否建立健康档案以及最近一年的健康状况。第五类是社会融合变量，主要包含参加社会活动、医疗保险、办理个人保障卡与暂住证等变量。表5.1中给出了具体的变量。

表5.1　　　　　　　　　　变量选取与基本描述

变量	含义	分类	均值	标准差	最小值	最大值
y	人口迁移意愿		1.945	1.541	0	4
classify	城市分类，该值越大城市规模就越大	城市规模	3.386	1.708	1	6
familynum	家庭同住成员数		3.140	1.200	1	10
gender	性别，女=0，男=1		0.517	0.500	0	1
age	年龄		39.661	11.074	15	96
education	受教育水平，该值越大表示受教育程度越高	个人特征	3.444	1.164	1	7
hukou	户口性质，农业=0，非农业=1		0.219	0.414	0	1
party	党员与团员=1，其他=0		0.108	0.311	0	1
marriage	婚姻状况，已婚=1，其他=0		0.822	0.383	0	1
ln(expense)	每月总支出的对数		8.008	0.645	0	11.695
job	主要职业，取值为0~4		2.270	1.251	0	4
ln(income)	每月总收入的对数	收支信息	8.008	0.645	0	11.695
ln(houseexp)	每月住房支出的对数		4.732	3.080	0	11.290
house	自购住房或自建房=1，其他=0		0.289	0.453	0	1

续表

变量	含义	分类	均值	标准差	最小值	最大值
totalcity	总共流动的城市数量	流动状况	1.973	1.901	1	4
Q306	父亲或母亲有流动经历 =1，其他 =0		0.167	0.373	0	1
Q309	跟本地户籍人交流多 =1，其他 =0		0.364	0.481	0	1
duziliudong	独立流动 =1，其他 =0		0.424	0.494	0	1
migrant	跨省流动 =1，省内流动 =0		0.493	0.500	0	1
timeyear	本次流动的时间		6.355	6.079	0	69
migrantr	因为工作流动 =1，其他 =0		0.606	0.489	0	1
health	健康水平，该值越大健康状况越好	健康状况	3.794	0.471	0	4
Q403	建立居民健康档案 =1，否则为 0		0.273	0.445	0	1
healthnow	最近一年本人患病或身体不适的情况 =1，其他 =0		0.487	0.500	0	1
Q501A	2016 年以来在本地参加过工会的活动 =1，其他 =0	社会融合	0.084	0.298	0	1
Q501B	2016 年以来在本地参加过志愿者协会活动 =1，其他 =0		0.071	0.257	0	1
Q501C	2016 年以来在本地参加过同学会的活动 =1，其他 =0		0.234	0.423	0	1
Q501D	2016 年以来在本地参加过老乡会的活动 =1，其他 =0		0.223	0.416	0	1
Q501E	2016 年以来在本地参加过家乡商会的活动 =1，其他 =0		0.035	0.184	0	1
Q501F	2016 年以来在本地参加过上述活动之外的其他活动 =1，其他 =0		0.076	0.265	0	1
Q503B	越关注现居住城市变化该值越大		2.256	0.602	0	3
Q503C	值越大越愿意融入本地人的生活中		2.333	0.632	0	3
Q504A1	参加农村合作医疗保险 =1，其他 =0		0.633	0.482	0	1
Q504B1	参加城乡合作医疗保险 =1，其他 =0		0.047	0.212	0	1

变量	含义	分类	均值	标准差	最小值	最大值
$Q504C1$	参加城镇居民医疗保险 = 1，其他 = 0		0.070	0.254	0	1
$Q504D1$	参加城镇职工医疗保险 = 1，其他 = 0		0.215	0.411	0	1
$Q504E1$	参加公费医疗 = 1，其他 = 0	社会融合	0.021	0.145	0	1
$Q505$	办理个人社会保障卡 = 1，其他 = 0		0.500	0.500	0	1
$Q506$	办理暂住证/居住证 = 1，其他 = 0		0.139	0.574	0	1

5.2.1.3　变量描述

在16.9万份问卷中，无居留意愿占比17.4%，低居留意愿占比39.4%，中居留意愿占比4.8%，中高居留意愿占比8.3%，高居留意愿占比30.2%。女性占比48.3%，男性占比51.7%，与我国目前的男女比例基本一致。平均年龄是39.6岁，受教育程度以初高中为主，这也与九年义务教育相符。与此同时，其他控制变量的特征也基本与第六次全国人口普查数据对应的分布比例相符，说明调查采集到的样本符合我国的人口特征，调查数据具有较强的代表性。具体的描述如表5.1所示。

5.2.2　模型选择与实证分析

5.2.2.1　模型选择

在当今社会中，人一般会依据效用最大化准则作出最优选择。流动人口会根据个人与城市的特征选择使自己效用最大化的城市作为迁移的城市。假定人口流动迁移的效用取决于个体与城市的条件特征。具体的效用函数为：

$$U_{ij} = \beta city_{ij} + \theta X_{ij} + \varepsilon_{ij} (j = 1, 2, \cdots, N; i = 1, 2, \cdots, M) \quad (5-1)$$

其中，$city_{ij}$表示流动个体i流入的城市j的规模。X_{ij}表示流动人口自身的个体特征、收支状态、流动特征、健康水平、社会融合状态变量。ε_{ij} 是没有观测到的影响因素。流动人口在城市 j 选择居留或者长期定居满足以下条件：

$$choice_{ij} = \begin{cases} 1, & \forall k \neq j \quad E[U_{ij}] > E[U_{ik}] \\ 0, & \exists k \neq j \quad E[U_{ij}] \leqslant E[U_{ik}] \end{cases} \qquad (5-2)$$

当 $E[U_{ij}] > E[U_{ik}]$ 时，个体流入城市 j 的效用大于城市 k，个体选择在城市 j 居留，即 $choice_{ij} = 1$；反之 $choice_{ij}$ 为 0。由于采用高、中高、中等、低、无居留意愿作为衡量人口流动迁移意愿的变量，具体通过 0～4 来衡量。因此，流动人口选择在流入城市迁移意愿的概率为：

$$p_w = p(y \leqslant w \mid X, \ city) = \frac{\exp(\beta' city_i + \theta' X_i)}{1 + \exp(\beta' city_i + \theta' X_i)} \qquad (5-3)$$

由于选取的数据之间可能存在多重共线性，为了解决此类问题，提布施瓦尼（Tibshirani，1996）提出了著名的 LASSO 方法。阿彻和威廉姆斯（Archer and Williams，2012）又将 LASSO 方法推广到可以在定序因变量模型中选择变量。因此本书通过对带 LASSO 惩罚项的似然函数进行极大化处理，并估计回归系数进行变量选择，即：

$$\hat{\beta} = \text{argmin} \left\| y - \sum_{j=1}^{p} (\beta city_j + \theta X_j) \right\|^2 + \lambda \sum_{j=1}^{P} |\beta_j| \qquad (5-4)$$

其中，λ 是非负正则调节系数，j 是变量个数。LASSO 方法在选择变量时是一致的，且添加了惩罚项，将对迁移意愿影响不重要因素的系数估计为 0，这样就可以删除不重要的变量。具体地通过 Python 中的 sklearn 库，利用 lassoCV 函数进行筛选变量，剔除系数等于 0 的变量。由于 LASSO 惩罚项对每个回归系数都进行了惩罚，所以回归系数估计量是有偏差的（Fan and Li，2001）。为有效消除有限样本下的估计偏差，首先，通过采用带 LASSO 惩罚项的似然函数方法筛选出重要变量。其次，对已选中变量建立序次 Logit 模型，再利用一般极大似然估计方法得到一致的回归系数估计及显著性结果。

通过 LASSO 方法，剔除了个体特征中是否是党员或者团员这一变量；对收支特征，剔除了每月收入这一变量，可能是由于收入与支出存在共线性；

健康状况对应的变量中，经过筛选剔除了目前的健康水平这一变量；对于社会融合这一类变量，剔除了 2016 年以来在本地参加过工会的活动、2016 年以来在本地参加过家乡商会的活动、2016 年以来在本地参加其他的活动、参加公费医疗、办理个人社会保障卡共五个变量。经过筛选后保留了剩下的 30 个变量并进行实证分析。

5.2.2.2 实证分析

（1）基准回归。

利用序次 Logit 模型研究城市规模与流动人口的迁移意愿，表 5.2 给出了具体的回归结果。模型 1 中只考虑了城市规模对人口迁移流动的影响，结果显示，城市规模促进了人口的迁移流动，即：城市规模越大，人口越可能迁移流动。模型 2 在模型 1 的基础上加入了流动人口的个体特征，结果显示，城市规模越大，城市流动人口迁移意愿越高。模型 3 在模型 2 的基础上加入了收支水平，仍然得出了城市规模越大，流动人口选择在该城市迁移的可能性越高的结果。模型 4 在模型 3 的基础上加入了流动特征，核心解释变量的结果仍与前面的回归结果一致。模型 5 在模型 4 的基础上加入了健康状况，回归结果仍然一致。

表 5.2   基准回归结果

变量	模型 1	模型 2	模型 3	模型 4	模型 5	模型 6
classify	0.048 ***	0.028 ***	0.061 ***	0.092 ***	0.095 ***	0.082 ***
familynum		0.101 ***	0.017 ***	0.005 ***	0.003 ***	0.011 **
gender		-0.143 ***	-0.063 ***	-0.076 ***	-0.069 ***	-0.063 ***
age		0.012 ***	0.005 ***	-0.001 *	-0.001 *	-0.003 ***
education		0.331 ***	0.206 ***	0.183 ***	0.179 ***	0.103 ***
hukou		0.456 ***	0.279 ***	0.251 ***	0.245 ***	0.130 ***

续表

变量	模型 1	模型 2	模型 3	模型 4	模型 5	模型 6
marriage		0. 535 ***	0. 335 ***	0. 398 ***	0. 386 ****	0. 391 ***
$\ln(expense)$			− 0. 278 ***	− 0. 271 ***	− 0. 268 ***	− 0. 243 ***
job			0. 032 ***	0. 047 ***	0. 048 ***	0. 058 ***
$\ln(houseexp)$			0. 009 ***	0. 008 ***	0. 009 ***	0. 006 ***
house			1. 622 ***	1. 420 ***	1. 414 ***	1. 312 ***
totalcity				0. 003	0. 002	0. 007 ***
Q306				0. 142 ***	0. 134 ***	1. 356 ***
Q309				0. 387 ***	0. 382 ***	0. 308 ***
duziliudong				0. 142 ***	0. 147 ***	0. 132 ***
migrant				− 0. 299 ***	− 0. 284 ***	− 0. 259 ***
timeyear				0. 043 ***	0. 042 ***	0. 035 ***
migrantr				0. 015	0. 015	− 0. 019 ***
Q403					0. 201 ***	0. 089 ***
healthnow					0. 109 ***	0. 097 ***
Q501B						0. 092 ***
Q501C						0. 138 ***
Q501D						− 0. 014
Q503B						0. 197 ***
Q503C						0. 664 ***
Q504A1						− 0. 140 ***
Q504B1						− 0. 227 ***
Q504C1						0. 065 ***
Q504D1						0. 267 ***
Q506						0. 082 ***

注：*** 、** 、* 分别表示在1%、5%、10%的水平上显著。

模型 6 在模型 5 的基础上加入了社会融合相关变量，结果显示，城市规模越大，流动人口具有越强的迁移意愿。其中，针对个体特征变量：家庭成员数越多、教育水平越高、非农户籍、已婚越可能促进流动人口的居留，这同以往的研究结论是一致的（杨雪、魏洪英，2017）。女性相比男性有更高的居留意愿，年龄越大居留意愿越低（刘立光等，2019）。针对收入特征变量：支出越多、自有住房以及房租支出越多（与杨雪、魏洪英，2017 结论一致）、工作越稳定的人迁移意愿越强。对于健康变量：已经建立了健康档案的人居留意愿较高，而最近一年身体出现不适的人更可能居留，这或许与该城市的医疗、社会保障等有关。针对流动特征变量：流动城市越多、父母至少有一方有过流动经历、与户口迁到本地的同乡或者其他本地人来往较多、独自流动与本次流动时间越长越可能促进流动人口的迁移流动；跨省流动、因为工作流动（参照组是家属随迁、婚姻嫁娶、拆迁搬家等）的人口则具有较低的迁移意愿。对于社会融合变量：参加过志愿者活动、同学会、关注城市的变化、愿意融入本地生活、购买城镇居民保险、城镇职工医疗保险、办理了居住证或暂住证的人更容易选择迁移。参加农村合作医疗与城乡居民合作医疗的居民迁移意愿更低。

（2）分城市回归。

为进一步比较不同规模城市的流动人口迁移意愿，分别对超大城市、特大城市、Ⅰ型大城市、Ⅱ型大城市、中等城市、小城市流动人口的迁移意愿进行回归分析。表 5.3 给出了回归结果。首先，对不同的样本通过 LASSO 模型进行变量选择；其次，利用序次 Logit 模型进行实证分析。模型 7 ~模型 12 分别以小城市、中等城市、Ⅱ型大城市、Ⅰ型大城市、特大城市、超大城市作为样本进行分析。

表 5.3　　　　　　　　　　　分城市回归结果

变量	模型 7	模型 8	模型 9	模型 10	模型 11	模型 12
familynum	0.046 ***	−0.018	−0.020 *	0.013	0.004	0.010

续表

变量	模型 7	模型 8	模型 9	模型 10	模型 11	模型 12
gender	− 0. 039 **	− 0. 068 *	− 0. 048 **	− 0. 047 **	− 0. 033	− 0. 110 ***
age	− 0. 001	− 0. 004 *	− 0. 004 ***	− 0. 004 ***	− 0. 004 *	− 0. 003 *
education	0. 064 ***	0. 034	0. 096 ***	0. 109 ***	0. 117 ***	0. 125 ***
hukou		− 1. 29 **	0. 252 ***	0. 096 ***	0. 141 ***	0. 197 ***
party		0. 060	0. 100 ***		0. 109 **	
marriage	0. 326 ***	0. 374 ***	0. 491 ***	0. 291 ***	0. 467 ***	0. 408 ***
ln(*expense*)	0. 143 ***	0. 155 ***	0. 299 ***	0. 242 ***	0. 219 ***	0. 229 ***
job	− 0. 066 ***	− 0. 042 ***	− 0. 069 ***	− 0. 047 ***	− 0. 069 ***	− 0. 031 ***
ln(*houseexp*)	− 0. 001	0. 016 ***	− 0. 005	0. 017 ***	0. 014 **	
house	1. 190 ***	1. 274 ***	1. 220 ***	1. 281 ***	1. 310 ***	1. 653 ***
totalcity	0. 002		0. 022 ***	0. 021 ***	0. 015 ***	0. 003
Q306	0. 085 ***	0. 179 ***	0. 208 ***	0. 097 ***	0. 220 ***	0. 181 ***
Q309	0. 232 ***	0. 330 ***	0. 320 ***	0. 359 ***	0. 354 ***	0. 398 ***
duziliudong	0. 093 ***	0. 141 ***	0. 153 ***	0. 135 ***	0. 158 ***	0. 106 ***
migrant	− 0. 366 ***	− 0. 389 ***	− 0. 328 ***	− 0. 296 ***	− 0. 219 ***	0. 252 ***
timeyear	0. 023 ***	0. 029 ***	0. 042 ***	0. 033 ***	0. 046 ***	0. 048 ***
migrantr	0. 027	0. 029 ***	− 0. 031	− 0. 023 ***	− 0. 176 ***	− 0. 154 ***
health	0. 012			− 0. 010	0. 121 ***	0. 108 ***
Q403	0. 165 ***	0. 119 ***	0. 129 ***	0. 041 **	0. 041	0. 111 ***
healthnow	0. 150 ***	0. 161 ***	0. 145 ***	0. 074 ***	0. 109 ***	− 0. 031
Q501A		0. 154 *	− 0. 112 **		− 0. 084	0. 109 **
Q501B		0. 096	0. 152 ***	0. 126 ***		0. 085 *
Q501C	0. 130 ***	0. 090 *	0. 163 ***	0. 154 ***	0. 107 **	0. 103 ***
Q501D	− 0. 020		− 0. 029	0. 043 *	0. 011	− 0. 061 *
Q501E		0. 159			− 0. 125	
Q501F	− 0. 116 ***	0. 014	− 0. 070 *		0. 085 ***	0. 063
Q503B	0. 211 ***	0. 079 **	0. 203 ***	0. 153 ***	0. 276 ***	0. 234 ***

续表

变量	模型 7	模型 8	模型 9	模型 10	模型 11	模型 12
$Q503C$	0.691 ***	0.619 ***	0.665 ***	0.632 ***	0.623 ***	0.671 ***
$Q504A1$	−0.134 ***	−0.018	−0.181 ***	−0.124 ***	−0.145	−0.149 ***
$Q504B1$			−0.256 ***	−0.254 ***	−0.122	−0.242 ***
$Q504C1$	0.245 ***	0.135			0.271 ***	0.152 **
$Q504D1$	0.278 ***	0.102	0.324 ***	0.263 ***	0.268 ***	0.193 ***
$Q504E1$		0.232 *	0.272 ***	0.252 ***	−0.168	
$Q505$	−0.064 ***	0.193 ***	−0.048 *		0.011	0.065 **
$Q506$	−0.070 ***	−0.128 ***	0.059 *	0.112 ***	0.197 ***	0.189 ***

注：***、**、* 分别表示在1%、5%、10%的水平上显著。

结果表明，已婚、每月总支出越多、拥有自有住房、工作稳定、父母至少一方有流动经历、与户口迁入本地的老乡或者本地人交流多、独自流动、建立健康档案、参加同学会、关注居住城市的变化、愿意融入本地生活中等变量均会促进流动人口的迁移意愿；跨省流动、年龄则会降低流动人口的迁移意愿。对于其他的变量，非农户口促进了大城市、特大城市与超大城市流动人口的迁移意愿，房租促进了中等城市、Ⅰ型大城市与特大城市流动人口的迁移意愿；流动城市越多对于大城市与特大城市流动人口的迁移意愿有促进作用；工作原因流动促进了中等城市流动人口的迁移意愿，降低了Ⅰ型大城市、特大城市与超大城市流动人口的迁移意愿；健康状况越好的人在超大与特大城市的迁移意愿越大；最近一年身体感觉不适的人降低了向超大城市的迁移意愿，但影响不显著；个人社会保障卡会促进中等城市与超大城市流动人口的迁移意愿。综上所述，对于不同规模人口的城市而言，为了实现2019年新型城镇化任务中的转移人口，需要采取不同的策略，因地制宜，促进流动人口的迁移意愿。

（3）稳健性分析。

序次 Probit、泊松与 OLS 回归。表 5.4 中的模型 13～模型 17 分别给出了序次 Probit、泊松、OLS 回归的结果。不同模型的回归结果均表明城市规模促进了流动人口的迁移意愿，说明利用序次 Logit 模型得到的结果是稳健的。

表 5.4   稳健性分析

变量	模型 13	模型 14	模型 15	模型 16	模型 17
classify	0.048 ***	0.023 ***	0.048 ***	0.084 ***	0.080 ***
familynum	0.005 *	0.001 ***	0.003 ***	0.030 ***	0.023 ***
gender	− 0.039 ***	− 0.021 ***	− 0.043 ***	− 0.068 ***	− 0.117 ***
age	− 0.002 ***	0.001 ***	− 0.002 ***	− 0.008 ***	0.001
education	0.060 ***	0.035 ***	0.071 ***	0.105 ***	0.117 ***
hukou	0.071 ***	0.020 ***	0.075 ***	0.129 ***	0.115 ***
marriage	0.229 ***	0.159 ***	0.267 ****	0.404 ***	0.427 ****
ln(*expense*)	0.140 ***	0.088 ***	0.167 ***	0.271 ***	0.315 ***
job	− 0.033 ***	− 0.022 ***	− 0.043 ***	− 0.047 ***	− 0.037 ***
ln(*houseexp*)	0.004 ***	0.004 ***	0.007 ***	0.008 ***	0.008 ***
house	0.737 ***	0.409 ***	0.941 ***	1.420 ***	1.377 ***
totalcity	0.004 **	− 0.002 *	0.001	0.003	0.018 ***
Q306	0.081 ***	0.040 ***	0.076 ***	0.142 ***	0.123 ***
Q309	0.181 ***	0.112 ***	0.224 ***	0.387 ***	0.321 ***
duziliudong	0.080 ***	0.043 ***	0.098 ***	0.142 ***	0.123 ***
migrant	− 0.151 ***	− 0.130 ***	− 0.210 ***	− 0.264 ***	− 0.299 ***
timeyear	0.020 ***	0.012 ***	0.026 ***	0.036 ***	0.040 ***
migrantr	− 0.007	− 0.020 ***	− 0.023 ***	0.005	− 0.024 *
Q403	0.054 ***	0.034 ***	0.061 ***	0.088 ***	0.112 ***

变量	模型 13	模型 14	模型 15	模型 16	模型 17
healthnow	0.061 ***	0.027 ***	0.054 ***	0.092 ***	0.112 ***
Q501B	0.053 ***	0.028 ***	0.072 ***	0.095 ***	0.064 ***
Q501C	0.079 ***	0.044 ***	0.101 ***	0.134 ***	0.132 ***
Q501D	− 0.008	− 0.006	− 0.018 **	− 0.007	− 0.008 **
Q503B	0.114 ***	0.052 ***	0.122 ***	0.206 ***	0.219 ***
Q503C	0.395 ***	0.281 ***	0.473 ***	0.658 ***	0.662 ***
Q504A1	− 0.082 ***	− 0.064 ***	− 0.133 ***	− 0.132 ***	− 0.097 ***
Q504B1	− 0.131 ***	− 0.063 ***	− 0.166 ***	− 0.212 ***	− 0.178 ***
Q504C1	0.037	0.032	0.038 **	0.060 **	0.024 **
Q504D1	0.160 ***	0.074 ***	0.165 ***	0.255 ***	0.257 ***
Q506	0.053 ***	0.034 ***	0.055 ***	0.102 ***	0.094 ***

注：***、**、* 分别表示在 1%、5%、10% 的水平上显著。

截取数据的回归。由于年龄在 55 岁及以下的人口是劳动的主力军，所以模型 15 选取年龄在 15~55 岁的流动人口作为样本进行研究，通过数据分析，得到 1670771 个子样本。同样，模型 17 选取 "80 后" 与 "90 后" 的新生代流动人口作为研究样本，共计 98481 个子样本。通过序次 Logit 模型进行回归，结果表明，城市规模越大，流动人口的迁移意愿越强。其他的解释变量得到了相似的结论，这也表明基准模型得到的结论是稳健的。

（4）个体异质性分析。

上述研究基于流动人口对城市规模的偏好相同的假设。下面本书将从流动人口个体差异的角度进行异质性分析。表 5.5 分别基于个体性别、受教育年限、户口性质、婚姻、年龄考察个体异质性效应。表 5.5 中给出了个体特征的异质性。

表 5.5   **个体异质性分析**

变量	性别 模型 18	受教育年限 模型 19	户口性质 模型 20	婚姻 模型 21	年龄 模型 22
classify	0.089 ***	− 0.006	0.074 ***	0.010 **	0.106 ***
交互项	− 0.014 ***	0.026 ***	0.039 ***	0.086 ***	− 0.001 ***
控制变量	是	是	是	是	是

注：***、** 分别表示在 1%、5% 的水平上显著。

模型 18 考察了男性与女性流动人口在选择流动的城市上是否有差异。城市规模与性别的交互项对应的系数显著为正，这表明相对于男性，女性在流动过程中更重视城市规模带来的影响。模型 19 的回归结果显示，城市规模与受教育程度的交互项对应的系数显著为正，表明受教育程度越高的人越关注城市规模，在作出居留决策的时候会更多地考虑到城市的规模。从结果来看，大城市若想要吸引更多的知识型人才，应该更好地发展城市水平，同时结合政府各种吸引人才的优惠政策，才可以更好地留住人才。模型 20 给出了非农户口与农业户口人口在流动过程中对城市规模的异质性差异，结果显示，户口性质与城市规模的交互项显著为正，表明相对于农业户口的流动人口，非农户口的流动人口在选择迁移时更多地关注城市规模。模型 21 报告了不同婚姻状态的人在流动过程中对城市规模的异质性差异，其交互项对应的系数显著为正，表明已婚人士在流动过程中会更多地考虑到一个城市规模的影响。模型 22 给出了不同年龄的人在流动过程中对城市规模的异质性反应，其交互项对应的系数显著为负，这说明年轻人在流动过程中会更多地考虑城市规模的影响。

5.3　城市规模影响新生代流动人口迁移意愿

《中国流动人口发展报告 2018》指出，2017 年我国流动人口有 2.44 亿人，其中新生代流动人口（即 1980 年后出生的流动人口）已经占比高达 65.1%。第七次全国人口普查数据显示流动人口的数量达到了 3.76 亿人。新生代流动人口有近一半的是跨省流动，97.3% 的新生代流动人口喜欢目前居住的城市。新生代流动人口跟自己父辈相比受到的教育水平更高同时也更年轻，具有更高的迁移意愿。同时在新时代背景下，我国劳动力需求和供给与改革开放初相比发生了巨大变化，转变为供小于需，劳动力的供需也就失去了平衡。地区间人才争夺战就是在这样的不平衡背景下向争夺人口的方向发展，各地方政府也实施了一系列的政策吸引人才，形成人口的竞争优势，目的是使该城市更好地发展，新生代流动人口将会是吸引的重点对象，因此对新生代流动人口在不同流入地迁移的影响因素分析有助于政府更有针对性地制定相应的政策。

基于城市空间均衡假设，迁移有助于区域间稀缺劳动力资源的有效配置。1978 年中国进行农村土地承包改革，形成了农村土地资源有效配置和剩余劳动力向城市流动的需求。然而，中国特有的户籍制度可能会阻碍劳动力资源有效配置。目前人口在 300 万人以下的城市户籍限制已经全面取消，此外，中国采取了以城市规模为基础的战略，即城市越大所分配到的资源与权力越多。基于不同层次的异质城市化战略，一些特大城市面临着城市人口限制的困境。这种制度降低了移民城市福利，导致他们在特大城市中处于"局外人"地位。

基于 2017 年中国流动人口动态监测数据，利用 LASSO 方法筛选出对流动人口迁移意愿具有代表性的指标进行分析，本书试图从以下三个方面作出贡献：首先，根据中国特有的制度和体制对基本模型进行扩展，探讨城市人口规模对新生代流动人口迁移意愿的影响。其次，通过不同的模型与工具变量法验证结论的稳健型，进一步研究了城市人口规模对新生代流动人口迁移意愿影响的个体异质性。最后，研究了房价与收入比对 I 型大城市与特大城市的影响，试图解释这两类城市高迁移意愿占比不多的原因。总之，本书试图探究发现不同人口规模城市新生代流动人口迁移的新特征，以弥补现有研究的不足。通过对相应问题的研究和探索，为不同城市留住与吸引新生代流动人口提供有价值的建议。

5.3.1　变量描述

在国家卫计委 2017 年调研的 16.9 万份问卷中，选择"80 后"与"90后"作为研究对象，共计 85806 个样本。其中无迁移意愿占比 13.99%，低迁移意愿占比 22.50%，中低迁移意愿占比 16.28%，中迁移意愿占比 7.10%，中高迁移意愿占比 15.55%，高迁移意愿占比 24.58%，平均年龄是 28.7 岁。相对而言结婚率较高，近 73% 的人已经结婚。受教育程度以初高中为主，这也与九年制义务教育相符。具体的描述如表 5.6 所示。

表 5.6　　　　　　　　　　变量选取与基本描述

变量	分类	含义	均值	标准差	最小值	最大值
y		新生代流动人口迁移意愿	2.615	1.820	0	5
classify	城市规模	城市人口对数，衡量城市规模	5.558	1.091	2.485	7.803
familynum	个人特征	家庭同住成员数	2.983	1.234	1	10
gender		性别，女 =0，男 =1	0.470	0.499	0	1
age		年龄，18 ~ 36 岁	28.73	4.544	18	36
education		从 1 ~ 7，该值越大受教育水平越高	3.853	1.134	1	7
hukou		农业户口 =0，非农业户口 =1	0.224	0.417	0	1
party		党员或共青团员 =1，其他 =0	0.153	0.360	0	1
marriage		已婚 =1，其他 =0	0.727	0.446	0	1
house		自购或自建住房 =1，其他 =0	0.256	0.436	0	1
$\ln(income)$	收支信息	每月总收入取对数值	8.048	0.638	0	11.513
$\ln(houseexp)$		每月住房支出取对数值	5.016	2.999	0	10.820

变量	分类	含义	均值	标准差	最小值	最大值
totalcity	流动状况	一共流动的城市个数	1.965	1.533	1	60
Q306		父亲或母亲有流动经历=1，其他=0	0.264	0.441	0	1
Q309		跟本地户籍人交流多=1，其他=0	0.366	0.482	0	1
duziliudong		独自流动为1，否则为0	0.503	0.500	0	1
migrant		跨省与跨境流动=1，其他=0	0.478	0.500	0	1
timeyear		本次总共流动的时间（年）	4.594	4.357	0	35
migrantr		因为工作流动为1，其他为0	0.838	0.369	0	1
health	健康状况	1~4，值越大表示健康状况越好	3.890	0.331	1	4
healthdan		建立居民健康档案为1，其他为0	0.262	0.440	0	1
Q501A	社会融合	2016年以来，在流入地参加过工会活动=1，否则为0	0.095	0.293	0	1
Q501B		2016年以来，在流入地参加过志愿者协会活动=1，否则为0	0.078	0.268	0	1
Q501C		2016年以来，在流入地参加过同学会活动=1，否则为0	0.300	0.458	0	1
Q501D		2016年以来，在流入地参加过老乡会活动=1，否则为0	0.234	0.423	0	1
Q501E		2016年以来，在流入地参加过家乡商会的活动=1，否则为0	0.032	0.177	0	1
Q501F		2016年以来，在本地参加过上述活动之外的其他活动=1，否则为0	0.082	0.274	0	1
Q503B		越关注现流入城市变化该值越大	2.333	0.596	0	3
Q503C		值越大越愿意融入本地人生活	2.315	0.625	0	3
Q504A1		参加农村合作医疗保险=1，否则=0	0.619	0.486	0	1
Q504B1		参加城乡合作医疗保险=1，否则=0	0.043	0.203	0	1
Q504C1		参加城镇居民医疗保险=1，否则=0	0.054	0.226	0	1
Q504D1		参加城镇职工医疗保险=1，否则=0	0.261	0.439	0	1
Q504E1		参加公费医疗=1，否则=0	0.020	0.141	0	1
Q505		办理个人社会保障卡=1，否则=0	0.515	0.500	0	1
Q506		办理暂住证/居住证=1，否则=0	0.638	0.481	0	1

5.3.2 模型选择与实证分析

5.3.2.1 模型选择

通过 LASSO 方法，剔除了个体特征中家庭同住成员数这一变量；流动状况中剔除了父亲或母亲有流动经历这一变量；社会融合变量中，剔除了 2016 年以来在流入地参加过工会活动、在流入地参加其他活动、参加城镇居民医疗保险与参加公费医疗这 4 个变量。经过筛选后保留了剩下的 29 个变量进行实证分析。

5.3.2.2 实证分析

（1）基准回归。

在相应数据的基础上，采用序次 Logit 模型研究城市人口规模与新生代流动人口的迁移意愿，表 5.7 得到了具体的基准模型回归结果。模型 1 中只考虑了城市人口规模对新生代流动人口迁移意愿的影响。结果显示，城市人口规模增强了新生代流动人口的迁移意愿，即：城市人口规模越大，新生代流动人口越可能在该城市居留。模型 2 在模型 1 的基础上加入了新生代流动人口个体特征变量，结果依然显示，城市人口规模越大，新生代流动人口的迁移意愿就越高。模型 3 在模型 2 的基础上加入了流动人口收支水平变量，结论仍然是，城市人口规模越大，新生代流动人口在该城市居留的可能性越大。模型 4 在模型 3 的基础上加入了流动人口流动特征变量，仍得到城市人口规模促进新生代流动人口迁移的结论。模型 5 又在模型 4 的基础上加入了流动人口的健康水平变量，回归结果仍然是不变的。

表 5.7   基准回归结果

变量	模型 1	模型 2	模型 3	模型 4	模型 5	模型 6
population	0.220 ***	0.184 ***	0.159 ***	0.182 ***	0.186 ***	0.146 ***
gender		− 0.090 ***	− 0.089 ***	− 0.074 ***	− 0.072 ***	− 0.076 ***
age		0.027 ***	0.024 ***	0.013 ***	0.013 *	0.005 ***
education		0.234 ***	0.199 ***	0.182 ***	0.178 ***	0.107 ***
hukou		0.363 ***	0.344 ***	0.321 ***	0.316 ***	0.249 ***
party		0.089 ***	0.089 ***	0.080 ***	0.082 ***	0.039 **
marriage		0.491 ***	0.316 ***	0.372 ***	0.358 ****	0.381 ***
house		1.172 ***	1.138 ***	0.929 ***	0.927 ***	0.850 ***
ln(*income*)			0.360 ***	0.338 ***	0.342 ***	0.321 ***
ln(*house*)			0.015 ***	0.016 ***	0.016 ***	0.012 ***
totalcity				0.003	0.006	0.015 ***
Q309				0.320 ***	0.309 ***	0.233 ***
duziliudong				0.147 ***	0.150 ***	0.121 ***
migrant				− 0.108 ***	− 0.099 ***	− 0.072 ***
timeyear				0.048 ***	0.047 ***	0.038 ***
migrantr				− 0.178 ***	− 0.179 ***	− 0.201 ***
Q403					0.210 ***	0.082 ***
health					0.142 ***	0.076 ***
Q501B						0.122 ***
Q501C						0.106 ***
Q501D						0.040 **
Q501E						0.065 *
Q503B						0.186 ***
Q503C						0.711 ***
Q504A1						− 0.098 ***
Q504B1						− 0.236 ***

续表

变量	模型 1	模型 2	模型 3	模型 4	模型 5	模型 6
Q504D1						0. 221 ***
Q505						0. 030 **
Q506						0. 228 ***

注：***、**、*分别表示在 1%、5%、10%的水平上显著。

模型 6 在模型 5 的基础上加入了社会融合相关变量，结果显示，城市人口规模越大，新生代流动人口的迁移意愿越高。对于个体特征解释变量：教育水平越高、非农业户口、已婚、自有住房、年龄越大越可能促成新生代流动人口的迁移，这同以往的研究结论是一致的（杨雪、魏洪英，2017）。女性相比男性新生代流动人口有更高的迁移意愿（刘立光等，2019）。对于收入特征变量：收入越多以及房租支出越多的新生代流动人口迁移意愿越强［与杨雪、魏洪英（2017）结论一致］。对于健康变量：目前已经建立健康档案、身体健康水平越好的新生代流动人口迁移意愿越高；对于流动特征变量：流动城市越多、独自流动、与户口迁到流入城市的同乡或本地人交往较多、本次流动时间越长新生代流动人口的迁移意愿越高；但跨省（跨境）流动、因为工作流动（参照组是由于家属随迁、拆迁搬家以及婚姻嫁娶等原因流动）会降低新生代流动人口迁移意愿。对于社会融合变量：参加过志愿者活动、同学会、老乡会、家乡商会、关注城市的变化、愿意融入本地生活、参加城镇职工医疗保险、办理个人保障卡、办理居住证或暂住证的新生代流动人口更容易选择居留，而参加农村合作医疗与城乡居民合作医疗降低了新生代流动人口的迁移居留意愿。

（2）分城市回归。

根据 2014 年提出的城市规模划分的标准将城市分为六类，分别对六类城市进行分析。第一类为城区人口在 1000 万人以上的超大城市；第二类为城区人口在 500 万~1000 万人的特大城市；第三类为城区人口在 300 万~500 万人的 I 型大城市；第四类为城区人口在 100 万~300 万人的 II 型大城市；第五类为城区人口在 50 万~100 万人的中等城市；第六类为城区人口在 50 万人以下的小城市。

相对而言，流入超大城市的新生代人口具有高迁移意愿，超大城市应该放松相应的限制，促进这部分高迁移意愿的人口居留。对于特大城市与 I 型大城市的中高迁移意愿也较低，后面将会进行进一步的研究。对于 II 型大城市有接近 50% 的人口具有较高或者高迁移意愿，这也与新型城镇化建设任务一致，即：对于 300 万人以下城市取消落户限制将促进流入该城市的新生代人口居留。因此，对于人口在 300 万人以下的城市应该发展优势产业，促进流入该城市的新生代流动人口就近城镇化。

表 5.8 给出了回归的结果。模型 7~模型 10 分别以超大城市、特大城市、I 型大城市、人口规模在 300 万人以下的城市作为样本，利用序次 Logit 模型进行实证分析。结果表明，对于个体特征变量，男性在超大城市具有更高的迁移意愿，女性在 I 型大城市与人口规模在 300 万人以下的城市具有较高的迁移意愿；年龄越大只促进了 I 型大城市的新生代流动人口的迁移意愿。党员或共青团员促进了超大城市新生代流动人口的迁移意愿，这可能与大城市更浓厚的政治氛围有关；教育变量促进了新生代流动人口的迁移意愿，但对超大城市，其影响并不显著。这可能与特大城市和其他城市的吸引人才的政策有关，在超大城市更高的落户要求可能会挤出一部分高学历者的迁移意愿。已婚显著促进了特大城市、I 型大城市、人口规模在 300 万人以下城市新生代流动人口迁移意愿，但对超大城市却具有不显著的负影响，这可能是因为超大城市更高的落户门槛，当已婚群体无法在超大城市定居下来时就可能会因为子女入学等相关因素最后考虑去其他城市发展。拥有自建房或购买住房会促进超大城市、特大城市、I 型大城市、人口规模在 300 万人以下的城市新生代流动人口的迁移意愿。

表 5.8 回归分析结果

变量	模型 7	模型 8	模型 9	模型 10	模型 11	模型 12
house/inc					− 0.015 ***	− 0.004 ***
gender	0.099 ***	0.043	− 0.054 **	− 0.087 ***	0.035	− 0.059 **
age	− 0.003	− 0.005	0.009 ***	− 0.002	− 0.003	0.009 ***
education	0.020	0.108 ***	0.136 ***	0.082 ***	0.165 ***	0.161 ***
hukou	0.248 ***	0.352 ***	0.174 ***	0.247 ***	0.355 ***	0.183 ***
party	0.167 ***	0.061	− 0.004	0.042	0.055	− 0.012
marriage	− 0.004	0.422 ***	0.362 ***	0.421 ***	0.611 ***	0.486 ****
house	0.573 ***	0.730 ***	0.792 ***	0.772 ***	0.763 ***	0.788 ***
ln(*income*)	− 0.121 ***	0.470 ***	0.294 ***	0.263 ***		
ln(*houseexp*)	0.023 ***	0.017 **	0.018 ***	0.016 ***		
totalcity	0.003	0.038 ***	0.030 ***	0.013 **	0.051 ***	0.035 ***
Q309	0.677 ***	0.260 ***	0.316 ***	0.188 ***	0.260 ***	0.324 ***
duziliudong	0.018	0.156 ***	0.078 ***	0.115 ***	0.122 ***	0.073 ***
migrant	− 0.792 ***	− 0.138 ***	− 0.207 ***	− 0.243 ***	− 0.197 ***	− 0.207 ***
timeyear	− 0.013 ***	0.043 ***	0.028 ***	0.027 ***	0.050 ***	0.031 ***
migrantr	− 0.148 ***	− 0.375 ***	− 0.152 ***	− 0.193 ***	− 0.389 ***	− 0.160 ***
Q403	− 0.556 ***	0.078	0.092 ***	0.124 ***	0.047	0.084 ***
health	0.247 ***	0.121 *	0.023	0.096 ***	0.099 ***	0.019 **
Q501B	0.101 *	− 0.047	0.168 ***	0.083 **	− 0.045	0.172 ***
Q501C	− 0.148 ***	0.100 *	0.147 ***	0.126 ***	0.108 ***	0.154 ***
Q501D	− 0.345 ***	0.039	0.114 ***	0.035	0.054	0.115 ***
Q501E	− 0.339 ***	− 0.059	− 0.047	0.118 **	− 0.025	0.005
Q503B	0.125 ***	0.313 ***	0.140 ***	0.169 ***	0.319 ***	0.142 ***
Q503C	0.139 ***	0.711 ***	0.674 ***	0.730 ***	0.703 ***	0.673 ***
Q504A1	− 0.002	− 0.090 *	− 0.098 ***	− 0.135 ***	− 0.061	− 0.111 ***
Q504B1	− 1.491 ***	− 0.078 *	− 0.155 **	− 0.142 ***	− 0.072	− 0.172 ***
Q504D1	− 0.110 ***	0.125 **	0.192 ***	0.266 ***	0.077	0.171 ***

续表

变量	模型 7	模型 8	模型 9	模型 10	模型 11	模型 12
Q505	0.276 ***	0.094 *	0.084 ***	0.010	0.088 *	0.091 ***
Q506	− 0.487 ***	0.288 ***	0.182 ***	0.173 ***	0.336 ***	0.212 ***

注：*** 、 ** 、 * 分别表示在1%、5%、10%的水平上显著。

对于收支、流动与健康相关变量：相对较高的住房支出、与本地户籍的老乡或者其他本地人交流比较多显著促进了超大城市、特大城市、Ⅰ型大城市、人口规模在300万人以下的城市新生代流动人口的迁移意愿；月收入对特大城市、Ⅰ型大城市、人口规模在300万人以下的城市新生代流动人口的迁移意愿具有显著的正影响，但是却降低了超大城市的新生代流动人口迁移意愿，这或许与流动人口更多考虑超大城市社会公共服务有关；独自流动与本次流动时间对特大城市、Ⅰ型大城市、人口规模在300万人以下的城市新生代流动人口的迁移意愿具有显著的正影响，但却不是影响超大城市的新生代流动人口迁移意愿的主要因素；跨省（境）流动、因工作流动显著降低了超大城市、特大城市、Ⅰ型大城市、人口规模在300万人以下城市新生代流动人口的迁移意愿；建立健康档案显著促进了Ⅰ型大城市与人口在300万人以下城市流动人口的迁移意愿；个人健康状况越好，新生代流动人口的迁移意愿就越强。

对于社会保障变量：参加过志愿者活动促进了超大城市、Ⅰ型大城市与人口在300万人以下城市新生代流动人口的迁移意愿；参加同学会及城镇职工医疗促进了特大城市、Ⅰ型大城市与人口300万人以下城市新生代流动人口的迁移意愿，却没有促进超大城市的迁移意愿；参加老乡会与家乡商会降低了超大城市的新生代流动人口迁移意愿；关注流入城市的变化与愿意融入本地生活中促进了超大城市、特大城市、Ⅰ型大城市与人口在300万人以下城市新生代流动人口的迁移意愿；参加农村合作医疗保险与城乡合作医疗保险降低了超大城市、特大城市、Ⅰ型大城市与人口在 300 万人以下城市新生代流动人口的迁移意愿；办理个人社会保障卡显著促进了超大城市、特大城市、Ⅰ型大城市新生代流动人口的迁移意愿。办理暂住证或者居住证促进了超大城市、Ⅰ型大城市与人口在 300 万人以下城市新生代流动人口的迁移意愿，但却不是影响超大城市流动人口迁移意愿的主要因素。综上所述，对于不同人口规模的城市应该采取不同的策略，因地制宜地促进新生代流动人口的迁移意愿。

（3）进一步的探讨。

通过第 5.2 节的研究发现特大城市与Ⅰ型大城市的高与中高迁移意愿的人口占比不是很大，本书将进一步探讨出现这种现象的原因。考虑到房价可能会影响到特大与Ⅰ型大城市新生代流动人口的迁移意愿，本书通过利用《2017 年中国城市统计年鉴》中对应的 2016 年城市商品房的销售额与商品房的销售面积计算得到商品房的价格，将对应的价格与流动人口数据进行匹配。考虑到收入的影响作用，这里利用商品房的价格与对应流动人口的收入之比衡量价格影响。表 5.8 中的模型 11 ~ 模型 12 分别对特大城市与Ⅰ型大城市进行了进一步的研究。由于模型中含有房价与收入的值，为了避免共线性，这里在回归中删除了收入与房价变量。通过回归得到，城市房价与收入比降低了特大与Ⅰ型大城市流动人口的迁移意愿。这也表明国家应该合理地控制房价，将房价与收入比控制在合理的范围内，留住更多的人，更好地推进新型城镇化。对于其他变量的影响与不考虑房价与收入比的影响是一致的，这也进一步表明对不同城市规模新生代流动人口迁移意愿的影响因素的回归结果是稳健的。

（4）稳健性分析。

第一，序次 Probit、泊松与 OLS 回归。表 5.9 中的模型 13 ~ 模型 15 分别给出了序次 Probit、泊松、OLS 的回归结果。利用不同的模型进行回归，结果都得到了城市人口规模促进了新生代流动人口的迁移意愿的结论。对其他的控制变量也得到了与利用序次 Logit 模型相似的结论，这进一步表明利用序次 Logit 模型回归得到的结果是稳健的。

表5.9 稳健性分析

变量	模型 13	模型 14	模型 15	模型 16	模型 17
2017 年城市规模				0.997 ***	0.997 ***
population	0.088 ***	0.043 ***	0.118 ***	0.122 ***	0.122 ***
gender	− 0.049 ***	− 0.023 ***	− 0.061 ***	− 0.061 ***	− 0.061 ***
age	0.003 ***	0.003 ***	0.006 ***	0.006 ***	0.059 ***
education	0.061 ***	0.033 ***	0.088 ***	0.090 ***	0.089 ***
hukou	0.142 ***	0.039 ***	0.146 ***	0.146 ***	0.146 ***
party	0.026 **	0.018 ***	0.035 **	0.034 **	0.034 **
marriage	0.225 ***	0.154 ****	0.339 ***	0.342 ***	0.342 ***
house	0.475 ***	0.245 ***	0.792 ***	0.793 ***	0.793 ***
ln(*income*)	0.189 ***	0.104 ***	0.271 ***	0.271 ***	0.271 ***
ln(*houseexp*)	0.007 ***	0.006 ***	0.015 ***	0.014 ***	0.014 ***
totalcity	0.010 ***	0.003 *	0.012 ***	0.012 ***	0.012 ***
Q309	0.139 ***	0.083 ***	0.220 ***	0.221 ***	0.221 ***
duziliudong	0.074 ***	0.036 ***	0.112 ***	0.109 ***	0.109 ***
migrant	− 0.043 ***	− 0.076 ***	− 0.138 ***	− 0.140 ***	− 0.140 ***
timeyear	0.022 ***	0.012 ***	0.033 ***	0.033 ***	0.033 ***
migrantr	− 0.116 ***	− 0.079 ***	− 0.193 ***	− 0.192 ***	− 0.192 ***
Q403	0.052 ***	0.033 ***	0.079 ***	0.080 ***	0.080 ***
health	0.044 ***	0.015 **	0.044 ***	0.043 ***	0.043 ***
Q501B	0.070 ***	0.029 ***	0.096 ***	0.097 ***	0.097 ***
Q501C	0.063 ***	0.036 ***	0.101 ***	0.100 ***	0.101 ***
Q501D	0.025 ***	0.014 **	0.031 **	0.032 **	0.032 **
Q501E	0.032	0.020 *	0.065 **	0.067 ***	0.067 ***
Q503B	0.108 ***	0.049 ***	0.152 ***	0.153 ***	0.153 ***

续表

变量	模型 13	模型 14	模型 15	模型 16	模型 17
Q503C	0.430 ***	0.270 ***	0.625 ***	0.625 ***	0.625 ***
Q504A1	−0.056 ***	−0.033 ***	−0.092 ***	−0.091 ***	−0.091 ***
Q504B1	−0.137 ***	−0.056 ***	−0.182 ***	−0.182 ***	−0.182 ***
Q504D1	0.135 ***	0.054 ***	0.181 ***	0.180 ***	0.180 ***
Q505	0.020 **	0.014 ***	0.028 **	0.029 ***	0.029 ***
Q506	0.136 ***	0.069 ***	0.172 ***	0.169 ***	0.169 ***
constant		−1.468 ***	−3.501 ***	−3.524 ***	−3.524 ***
Root MSE				0.106	0.106
Wald chi2 (29)				47490.58	47490.58

第二，工具变量。选取 2016 年国家统计局公布的城区常住人口的对数作为城市规模的工具变量。2017 年与 2016 年对应的城市人口规模的相似度高达 0.997。表 5.9 中模型 16 与模型 17 分别通过 2SLS 与 GMM 估计方法给出了相应的估计结果。模型 16 ~ 模型 17 对应的 wald 检验与 Root MSE 表明工具变量是稳健的。通过第一阶段，2016 年城市人口规模与 2017 年城市规模显著相关，其他的解释变量保持不变，当通过工具变量解决内生性问题时，城市人口规模仍对新生代流动人口迁移意愿有显著正的影响。为了进一步验证稳健性，利用 GMM 估计也得到了一致的结论。因此结果表明，城市人口规模越大，新生代流动人口在城市迁移意愿就越强。

5.3.3　个体异质性分析

上述研究将新生代流动人口对城市人口规模的偏好视为不变的。当这一偏好可以发生变化时，就需要考虑到新生代流动人口个体差异的异质性。这里主要从性别、年龄、户口性质、婚姻、受教育年限、党员或团员、是否购买或者自建住房几个维度考察个体异质性效应。由于条件 Logit 模型是在无关选项独立性的假定下进行研究的，因此我们不能直接加入个体异质性变量。参考张海峰和林细细等（2019）的处理方法，在原模型中引入城市人口规模与个体特征变量的交互项，通过交互项值的大小说明新生代流动人口迁移意愿的异质性。

表 5.10 中给出了个体特征的异质性。模型 18 考察了不同性别的新生代流动人口在迁移意愿上是否存在差异。城市人口规模与性别的交互项的系数并不显著，这表明新生代流动人口的迁移意愿更多地受到这个城市人口规模的影响。模型 19 考察了不同年龄阶段的流动人口在流动过程对城市人口规模的异质性。年龄与城市人口规模的系数显著为负，这表明年龄越大的人在流动过程会更加关注城市人口规模的影响，年轻人对大城市有更高的迁移意愿。模型 20 从城市规模的异质性考察不同类别户籍的新生代流动人口迁移意愿，结果显示，流动人口的户籍与城市人口规模交互项对应的系数显著为正，这表明非农业户口的流动人口在考虑是否在该城市迁移的过程中更易受到城市人口规模的影响，非农业户口人口更喜欢在大城市居留。模型 21 从城市人口规模异质性差异考察了不同婚姻状态（已婚与未婚）的新生代流动人口的迁移意愿，其两者交互项的系数显著为正，这表明已婚的流动人口在迁移意愿上更多地会考虑城市人口规模，城市人口规模越大，已婚流动人口更倾向于居留。模型 22 的回归结果显示，城市人口规模与受教育程度交互项的系数显著为正，这表明受教育程度越高的流动人口的迁移意愿更易受到城市人口规模的影响。因此，大城市只有通过吸引更多的人才能更好发展该城市，这也与政府通过各种优惠政策吸引人才是一致的。模型 23 的结果显示，党员或者共青团员与城市人口规模的交互项的系数是不显著的，但是城市人口规模对新生代流动人口的迁移意愿是显著为正的。这表明是否党员或团员不受到城市规模异质性影响。模型 24 表明自建或者购买住房的新生代流动人口与无房的流动人口相比更容易受到城市人口规模的影响。综上所述，城市需要结合

自身的规模，根据新生代人口自身的特点吸引新生代流动人口迁移流动。

表 5.10 个体异质性分析

变量	性别 模型 18	年龄 模型 19	户口 模型 20	婚姻 模型 21	受教育年限 模型 22	党员或团员 模型 23	房屋 模型 24
人口规模	0.151 ***	− 0.101 ***	0.124 ***	0.066 **	− 0.043 **	0.146 ***	0.120 ***
交互项	− 0.009	0.009 ***	0.114 ***	0113 ***	0.050 ***	0.001	0.104 ***
控制变量	是	是	是	是	是	是	是

注：*** 、** 分别代表在 1%、5% 的水平上显著。

5.4 本章小结

本书利用微观数据从城市规模的角度考察流动人口的迁移意愿。通过多种稳健性检验，得到城市规模对流动人口的迁移意愿有显著的正向作用，流动人口更倾向于人口规模比较大的城市。其中，城市规模对教育水平较高的流动人口、已婚人士、年轻一代的流动人口、女性以及非农业户口的流动人口迁移意愿的影响作用更大。

对于城市规模对流动人口迁移意愿的影响得到以下结论。

第一，流动人口迁移意愿存在分化现象，高教育程度、已婚、女性、非农业户口流动人口表现出较强的迁移意愿，年龄也更年轻化，同时家庭成员数较多也会促进流动人口的迁移意愿。44.2% 的流动人口在城市中有较高的居留打算，但还有超过五成的流动人口的迁移意愿比较低。分城市来看，家庭成员数只促进了流动人口在小城市的迁移意愿，这可能是由于在大城市，家庭成员数越多，在赡养老人与抚养小孩方面面临更大的压力。非农业户口会促进流动人口在常住人口超过 100 万人的大城市中的迁移意愿。

第二，流动人口自购住房、总支出较少、工作稳定都会促进全部样本、分城市样本流动人口的迁移意愿。房租支出在一定程度上促进了中等城市、Ⅰ型大城市和特大城市的迁移意愿，但总支出增加明显降低了所有规模的城市流动人口的迁移意愿。这表示政府应该采取策略降低生活、教育、医疗等相应的支出，增强流动人口迁移意愿，促使他们真正定居。

第三，本地建立健康档案促进了迁移意愿。这意味着政府应该采取政策为流动人口建立健全的健康档案。因此，社会融合变量对不同城市流动人口的迁移意愿的影响差异很大，各地方政府应该根据各城市自己的特征，制定促进流动人口迁移的政策。

在城市"抢人"背景下，本章通过 2017 年流动人口微观数据从城市人口规模的角度研究了新生代流动人口的迁移意愿。具体得到以下结论。

第一，新生代流动人口的迁移居留意愿存在着分化现象。其中具有高教育程度、年龄越大（新生代流动人口相对比较年轻）、已婚、有房、女性、党员或共青团员、非农业户口新生代流动人口表现出较强的迁移意愿。大约 40% 的新生代流动人口有着中高或者高的迁移意愿，但仍有超过近六成的新生代流动人口迁移意愿在中等及以下。分城市来看，女性在Ⅰ型大城市与人口规模在 300 万人以下的城市具有较高的迁移意愿；年龄只促进了Ⅰ型大城市的新生代流动人口的迁移意愿；党员或共青团员促进了超大城市新生代流动人口的迁移意愿；教育变量促进了新生代流动人口的迁移意愿，但对于超大城市，其影响并不显著；已婚显著促进了特大城市、Ⅰ型大城市、人口规模在 300 万人以下城市新生代流动人口的迁移意愿，但对超大城市影响不显著；拥有自建房或购买住房会促进超大城市、特大城市、Ⅰ型大城市、人口规模在 300 万人以下的城市新生代流动人口的迁移意愿。因此，对于不同城市规模而言，政府需要因地制宜，制定并实施适合和促进该城市迁移意愿的政策。

第二，收入越多、房租支出越多、目前已经建立健康档案、身体健康水平越好、流动城市越多、独自流动、与户口迁到流入城市的同乡或本地人交往较多、本次流动时间越长、参加过志愿者活动（同学会、老乡会、家乡商会）、关注城市的变化、愿意融入本地生活、参加城镇职工医疗保险、办理个人保障卡、办理居住证或暂住证的新生代流动人口迁移意愿越强。但跨省（跨境）流动、因为工作流动（参照组是由于家属随迁、拆迁搬家以及婚姻嫁娶等原因流动）、参加农村合作医疗与城乡居民合作医疗会降低新生代流动人口的迁移意愿。分不同规模城市来看，收入相关信息、健康、流动信息与社会保障变量对不同规模城市的新生代流动人口的影响不同，因此应该根据城市的特点制定适合该规模城市的政策。

第三，城市房价与收入比降低了特大与 I 型大城市的迁移意愿。这表明合理控制房价与收入比促进了新生代流动人口的迁移意愿，进而推进了新型城镇化建设。通过异质性分析，年龄相对较大、已婚、更高的受教育水平、非农户籍、拥有自建或者购买房屋的新生代流动人口更关注城市人口规模。城市人口规模对不同性别、党员与非党员新生代流动人口迁移意愿的影响不显著。这也表明，新型城镇化进程中个体的异质性会影响城市人口规模对新生代流动人口的居留意愿。

基于上述结论，提出以下政策建议。

第一，重视不同城市规模对流动人口迁移意愿的影响。为了促进流动人口在不同规模城市间的序次流动和合理分布，大城市需要在户籍制度改革方面突破思维定式，逐步序次地降低落户门槛或改变落户条件。同时发展中小城市特有的产业，比如旅游业。同时，中央政府应引导流动人口在不同规模城市间进行合理配置，稳妥且有序地调整我国城市市辖区规模与结构。

第二，重视新生代流动人口城市迁移意愿和目前政策导向之间存在的矛盾，合理解决超大与特大城市中普通劳动者定居问题。同时，超大、特大城市在人口发展过程中，需根据目前我国城市人口发展规律，摒弃不符合其规律的相关政策，比如强行实施人口疏解政策，将新生代流动群体中的普通劳动者驱逐出城。同时，对 I 型大城市、特大与超大城市应更注重都市圈与城市内部的科学规划，最终实现新生代流动人口在不同区域与城市间自由流动。中小城市要分类施策进行发展，对于具有发展潜力的城市，发展其优势，促进新生代流动人口就地就近城镇化；对于收缩型的中小城市应该进行瘦身强体，引导新生代流动人口向人口与公共资源较多的城区集中，促进资源的更好利用。

第三，随着流动人口受教育程度的提升，人力资本随之提升，他们在城市中的生活工作以及获得社会资源方面更加有竞争力，在社会上能够获得更多向上流动的机会，他们在城市迁移的可能性更高。由于大城市中可以获得更多的就业机会，同时各城市也都争相采取各种政策吸引人才居留，使得这一批人的迁移意愿更强。因此，在新型城镇化的进程中，政府应该加大对较低受教育水平的流动人口的培训，提高其迁移意愿。

| 第6章 |

住房公积金对流动人口迁移意愿的影响

6.1 引　　言

根据《2020 年农民工监测调查报告》，我国农民工的数量在减少，但第七次全国人口普查数据显示流动人口的数量在增加，可见农民工已经不是流动人口的主体，城—城流动人口的数量在增加。与其他流动人口相比，城—城流动人口一般具有年纪轻、学历高、收入高等特点，是各个城市竞相争夺的主要群体。2018 年初，多座城市纷纷制定了人口发展规划，掀起了人才争夺大战。研究城—城流动人口居留意愿的影响因素，对于推动户籍制度改革，推动城市发展和推进新型城镇化建设，均具有重要的现实意义。

根据《全国住房公积金 2019 年年度报告》，2019 年住房公积金缴存额为 23709.67 亿元，提取额为 16281.78 亿元，发放个人住房贷款 12139.06 亿元，购买国债 13.08 亿元。截至 2019 年末，缴存余额为 65372.43 亿元，个人住房贷款余额为 55883.11 亿元。住房公积金作为"五险一金"的重要组成部分，对人们的生活有重要的影响，也相应地对流动人口的迁移意愿有重要影响。国家卫计委组织调研的 2016 年全国流动人口卫生计生动态监测调查中，包含是否缴纳公积金、流动人口迁移意愿等变量。利用数据，基于住房公积金的视角研究城—城流动人口迁移意愿，并根据研究成果，提出有针对性的政策建议，提高这一群体的迁移意愿，对促进城市的高质量发展具有重要意义。

6.1.1 人口迁移流动的研究现状

自从 21 世纪以来，中国的人口迁移模式正在发生转变，迁移方式逐步转变成以城市定居作为终极追踪目标，相应的研究重心也转向以定居导向的永久性迁移。学者最初的研究更关注从整体上对人口迁移流动进行描述，主要研究有意愿在城市中定居的人口的比例及结构差距（朱宇，2004；任远，2007）。随后，学者探讨了影响人口迁移流动的可能因素（杨雪等，2017），王桂新等（2010）认为，婚姻、外出务工时间、受教育水平、收入状况等因素都可能影响到农民工是否在城市迁移的意愿。张翼（2011）指出，除了个人因素外，如居住条件优劣、职业的稳定性以及家庭的状况都会影响到农民工在城市迁移的意愿。此外，对住房满意程度更高的居民更倾向于在城市中定居，夫妻在同一个城市务工，子女可以在该城市接受教育等都对居民的迁移有较大的影响（魏万青，2015；孙友然等，2015）。但关于住房公积金的缴纳对人口迁移的影响的研究相对较少。

我国在 1991 年通过借鉴新加坡相关的经验引入住房公积金制度，上海作为第一个试点单位率先建立住房公积金制度，随后住房公积金的缴纳逐步在全国各大城市展开（陈杰，2010）。1998 年我国政府取消了居民福利住房分配制度，此后，住房公积金在居民住房消费上逐渐起到了重要作用，逐步成为全国性住房保障制度（顾澄龙等，2016），在住房制度的转轨及缓解居民住房问题上发挥了重要的作用（刘丽巍，2013）。随着住房公积金制度的构建，学者们对相关的问题进行了深入研究，从相关的文献来看，研究主要集中在住房公积金对房地产的影响、住房公积金本身制度的公平性等。目前形成了相对一致的共识：住房公积金能够提升居民在住房上的消费（Tang and Coulson，2016），但是参与住房公积金的缴纳也可能引起房价的不断上涨，导致房地产的"泡沫化"（顾澄龙等，2016）。

目前，学术界更多关注农民工住房公积金，探究农民工在缴纳住房公积金相关政策中所面临的困难。从政策本身来讲，目前关于公积金的缴纳政策并不具备强制性，不同的地区在相关政策上有很大的调整空间（郑小晴和胡章林，2008）；对地方政府而言，政府决策会导致各地区陷入两难的境地（祝仲坤，2016）。王桂新和胡健（2015）研究了农民工市民化的过程中，缴纳住房公积金所起到的作用；仅有少量的文章（汪润泉和刘一伟，2017）探讨了住房公积金的缴纳对于人口迁移意愿的影响，但是他们关注的是整个流动人口数据，数据主要来自中国的 7 个大城市，也没有探讨可能存在的内生性问题；祝仲坤（2017）探讨了住房公积金对农村人口迁移意愿的影响，但其关注的群体是新生代农民工。

6.1.2 住房公积金与人口迁移流动的研究述评

目前，流动人口的居留问题备受关注，但大多数研究是针对于农民工的居留问题，近年来，有一部分研究注意到户口性质是城镇户口的流动人口在向大城市流动的现象，于是提出城—城流动人口这个概念，并进行相关的研究（段成荣等，2019；张展新等，2007；李伯华等，2010；马小红等，2014）。对比而言，本部分可能存在的创新是：（1）研究视角相对比较新颖。与以往的研究不同，本章主要是研究住房公积金对人口迁移流动的影响作用，且重点关注的群体是年龄在 18~60 岁的城—城以及乡—城流动人口。（2）数据有代表性。选用流动人口动态监测数据，该调查数据是覆盖全国的样本，由国家卫计委组织实施，具有一定的权威性。（3）实证研究相对严谨。通过倾向得分匹配法纠正在该数据样本中有可能存在的选择性偏误，并利用了含有内生变量的两阶段 Probit 模型控制可能存在的内生性问题，希望得到更加稳健的结果。

6.2　住房公积金影响流动人口居留意愿

6.2.1　数据来源与描述性分析

6.2.1.1　数据来源

本章的数据来源于 2016 年国家卫计委调研的流动人口动态监测数据。该调查数据涵盖了我国 27 个省（自治区）、4 个直辖市以及新疆生产建设兵团共 32 个省级行政单位。该调查数据具有全国代表性。本章研究数据共有169000 个流动人口，由于城—城流动人口与乡—城流动人口具有不同的特性，本章特别对这两类人口进行了研究，选择农业户口且流入地是城市的样本衡量乡—城流动人口并进行研究，其中乡—城流动人口共 138891 个样本，同时城—城流动人口选取非农户口，年龄在 18~60 周岁且流入地是城市的样本，总共 19705 个样本。对数据的缺失值、异常值等进行处理后，剩余样本 19551 个。

6.2.1.2 描述性分析

（1）被解释变量——流动人口的迁移意愿。调查问卷中的问题"您今后是否打算在本地长期居住（5 年以上）?"该问题有"打算 =1""返乡 =2""继续流动 =3""没想好 =4"四个选项。将回答打算在本地长期居住的流动人口赋值为 1，其他选项赋值为 0。基于表 6.1 可以看到，总体流动人口的迁移意愿达到了 60.9%，缴纳公积金的流动人口的迁移意愿占比高达 77.6%。相对而言，没有缴纳公积金的比例更低，只有 59%。

表 6.1　　　　　　　　　　流动人口数据描述分析

变量	含义	不缴纳公积金		缴纳公积金		全部样本	
		均值	标准差	均值	标准差	均值	标准差
迁移意愿	迁移为 1，否则为 0	0.590	0.492	0.776	0.417	0.609	0.488
公积金	是否缴纳公积金	0	0.000	1	0.000	0.102	0.302
性别	女性为 1，男性为 0	0.484	0.500	0.429	0.495	0.479	0.500
受教育水平	1~7，值越大，教育水平越高	3.293	0.981	4.785	1.193	3.444	1.101
婚姻	已婚为 1，其他为 0	0.806	0.395	0.788	0.409	0.805	0.397
流动范围	跨省为 1，其他为 0	0.486	0.500	0.531	0.499	0.490	0.500
流动时间	本次流动的时间（年）	5.648	5.570	5.590	5.079	5.642	5.222
单位性质	国企、机关、事业单位为参考 =1	0.051	0.219	0.421	0.494	0.088	0.284
劳动合同	是否签订劳动合同	0.231	0.421	0.852	0.356	0.294	0.456
上个月收入	收入取对数	6.547	3.206	7.931	1.981	6.688	3.132
本地购房	是否本地购房	0.257	0.437	0.453	0.498	0.277	0.447

变量	含义	不缴纳公积金		缴纳公积金		全部样本	
		均值	标准差	均值	标准差	均值	标准差
考虑落户	考虑落户为1，否则为0	0.316	0.465	0.558	0.497	0.340	0.474
健康档案	建立为1，否则为0	0.380	0.485	0.426	0.495	0.384	0.486
年龄	年龄（年）	36.205	11.033	32.948	7.879	35.875	10.800

资料来源：基于国家卫计委2016年流动人口动态监测调查数据整理所得。

（2）核心解释变量——是否缴纳住房公积金。调查问卷中"您是否参加住房公积金？"答案选项包括："是""否""不清楚"。将回答为是的赋值为1，其他为0。基于表6.1可以看到，缴纳公积金的比例是10.2%，大部分流动人口都没有缴纳公积金。

（3）主要控制变量。根据2016年流动人口动态监测调查数据，控制有可能影响流动人口迁移意愿的相关变量。考虑到不同地区的公积金缴纳政策不同，加入了地区变量，如果处在东部则为1，其他地区为0。从表6.1可以看出，总体女性占比比男性占比低，缴纳公积金的女性占比更低，只有42.9%。这表明在我国流动人口中，女性公积金的缴纳比例更低，更应该关注女性就业人口。我国流动人口的受教育水平在初中到高中，这与我国的九年义务教育是一致的。同样缴纳公积金的流动人口的受教育水平更高。婚姻状况上，样本中有80%的流动人口已经结婚。从流动范围来看，有近一半的流动人口是跨省流动，缴纳公积金的流动人口跨省流动的占比超过了一半。流动时间上，样本的流动时间在5.6年左右，缴纳公积金的流动人口的流动时间在5.59年。流动人口中只有不足10%的流动人口在国企、机关、事业单位等地工作，但缴纳公积金的人口中在国企、机关、事业单位等地工作的占比高达42.1%。缴纳公积金的流动人口签订劳动合同的占比高达85.2%，但总体签订劳动合同的占比只有29.4%；没有缴纳公积金的流动人口签订劳动合同的比例更低，只有 23.1%。缴纳公积金的流动人口在本地购房的占比高达 45.3%，但总体在本地购房的占比只有 27.7%；没有缴纳公积金的流动人口在本地购房的比例更低，只有 25.7%。缴纳公积金的流动人口建立健康档案的占比高达 42.6%，但总体建立健康档案的占比只有 38.4%；没有缴纳公积金的流动人口建立健康档案的比例更低，只有 38%。缴纳公积金的流动人口的平均年龄为 32.9 岁，但总体流动人口的平均年龄为 35.88 岁；没有缴纳公积金的流动人口的年龄会更大一点，平均年龄在 36.2 岁左右。

6.2.2 研究方法

（1）基准模型——Logit 模型。由于是否居留是 0 与 1 变量，因此选用逻辑回归模型。具体的模型如下：

$$liucheng = \alpha + \beta gongjijin + \gamma X_i + \varepsilon_i \qquad (6-1)$$

其中，$liucheng$ 表示城—城流动人口迁移意愿，$gongjijin$ 衡量核心解释变量是否缴纳公积金。X_i 衡量所有的控制变量，ε_i 是误差项。

（2）倾向匹配得分法。由于是否缴纳公积金是自我选择的结果，有可能会存在选择性的偏误，因此利用倾向匹配得分法修正相应的偏误。具体通过以下步骤计算得到处理组的平均处理效应。第一，通过观测变量，利用 Logit 模型预测城—城流动人口缴纳住房公积金的概率。第二，通过倾向得分值对样本进行匹配。第三，通过对比控制组与处理组的流动人口迁移意愿的平均差异，得到参与者的平均处理效应（ATT）。

a. 匹配的思想。

假设个体 i 属于处理组，匹配估计量的基本思想是：找到某个控制组的某个体 j，使得个体 j 与个体 i 的可测取值尽可能相似。基于可忽略性假设，则个体 i 与个体 j 进入处理组的概率很相近，因此具有可比性；此时可以把 y_j 看作 y_{0i} 的估计量，即可将 $y_i - \hat{y}_{0i} = y_i - y_j$ 看作对个体 i 处理效应的度量。对处理组的每个个体都进行这样的匹配，同样地对控制组也进行一样的匹配，然后对个体的处理效应进行平均，就可以得到匹配估计量。

由于具体的匹配方法不同，因此会存在不一样的匹配估计量。若是不放回，那么每次将匹配成功的个体从样本中直接去掉，不再进行其他的匹配。如果是有放回的，则依旧将已经匹配成功的个体保留在样本中，该个体还可以参与其他的匹配，这样会出现同一个个体 kennel 与多位进行匹配的结果。如果个体允许并列，那么可以将 y_j 与 y_k 的均值作为 y_{0i} 的估计量，具体的表达式是：$\hat{y}_{0i} = \dfrac{(y_j + y_k)}{2}$，若不能并列，则计算机将会根据程序选择个体 j 或者 k，这时的匹配可能与数据排序有关，建议先对样本进行随机排序再进行匹配。

上述是一对一的匹配，当然可以进行一对多匹配，如进行一对三的匹配，针对每个个体都找三个不同组的最近个体进行匹配，一般来说，匹配的估计量是存在偏差的，除非是在"精确匹配"的情形下，对于所有匹配都有 $x_j = x_i$。对于更常见的非精确匹配，只能确保 $x_j \approx x_i$。在非精确匹配的情形下，若是进行一对一的匹配，就会存在偏差比较小，但是方差比较大的情形。进行一对多的匹配可以利用更多的信息，进而降低方差，但是却由于使用了更远的信息而造成偏差较大。阿巴迪等（Abadie et al.，2016）建议在进行一对多匹配时，在一般情况下可以考虑进行最小化均方误差。

b. 倾向得分匹配。

对更一般的情形，一个 x_i 可能包含多个变量，如 x_i 是 K 维的向量，那么，若利用 x_i 进行匹配就意味着是在更高维度上的匹配，但此时可能会遇到数据稀疏的问题，也就是很难找到与 x_i 相近的 x_j 进行匹配。这时候可以使用某函数 $f(x_i)$，将 K 维向量压缩到一维向量，进而可以根据 $f(x_i)$ 进行匹配，处理的一个方法是使用向量范数，即使用在向量空间定义的距离函数，如利用马氏距离，具体的表达式为：

$$d(i, j) = (x_i - x_j)' \widehat{\sum_x}^{-1} (x_i - x_j) \qquad (6-2)$$

其中，$\widehat{\sum_x}^{-1}$ 代表 x 的样本协方差矩阵之逆矩阵，它的作用相当于"权重矩阵"。使用马氏距离进行匹配就称为"马氏匹配"。将对角矩阵的逆矩阵作为权重矩阵。通过协变量的某个矩阵函数进行匹配，称为"协变量匹配"。

使用马氏匹配时，当 x 包括的变量较多或者样本的容量没有很大，就比较难找到合适的匹配。例如当个体 i 与 j 的马氏距离最近时，它们之间的绝对距离仍然可能是很远的。为了解决这一类问题，罗森鲍姆和鲁宾（Rosenbaum and Rubin，1983）提出了使用"倾向得分"的方法来度量距离。

个体 i 的倾向得分是，在 x_i 给定时，个体 i 进入处理组的条件概率。具体的表达式为：

$$p(x_i) = P(D_i = 1 \mid x_i) \qquad (6-3)$$

在利用样本数据估计 $p(x)$ 时，可以选择参数估计或者非参数估计进行，比如目前比较流行的 Logit。使用倾向得分的方法对个体间的距离进行衡量的好处是，倾向得分的值不仅是一维的变量，并且该值在 0~1。即当个体 i 与 j 的距离很远的情况下，仍然可能有 $p(x_i) \approx p(x_j)$。

当我们选用倾向得分作为距离函数进行匹配时，就称之为"倾向得分匹配"，简记为 PSM。PSM 是基于可忽略性假设作为依据，即：在 $p(x)$ 给定的情形下，(y_{0i}, y_{1i}) 独立于 D_i。

为了可以匹配，那么 x 的每一个可能的取值上要同时存在着处理组与控制组的个体。因此需要满足"匹配假定"，即：对于 x 任何的可能取值，都存在 $0 < p(x) < 1$。

这个假定就意味着处理组与控制组这两个子样本一定存在着重叠，保证处理组跟控制组存在一样的部分。为了提升匹配的质量，在匹配时，通常只保留重叠部分的个体，即：当处理组个体的倾向得分大于控制组倾向得分的最大值或者小于控制组倾向得分的最小值，则就去掉该处理组个体。当利用倾向得分得到的共同取值范围太小，就会产生偏差。

通过倾向得分进行匹配计算平均处理效应的一般步骤如下所述。

首先，选择合适的协变量 x_i，该变量尽可能地将影响（y_{0i}，y_{1i}）与 D_i 的变量包括起来，以保证假定条件的成立。当协变量 x_i 没有选择合适或者选择太少就可能会导致可忽略性假定不满足，从而导致偏差。其次，利用 Logit 模型估计倾向得分。然后，进行倾向得分的匹配，当倾向得分的估计比较正确，则 x_i 在匹配之后，对应的处理组与控制组之间的分布就比较均匀，这一过程在统计学中称为"数据平衡"。最后，根据匹配后的样本计算平均处理效应。平均处理效应的表达式为：

$$\widehat{ATT} = \frac{1}{N_i} \sum_{i;D_i=1} (y_i - \hat{y}_{0i}) \tag{6-4}$$

其中，$N_i = \sum_i D_i$ 代表处理组个体数，$\sum_{i;D_i=1}$ 表示对处理组进行加总。同理，可以为控制组的每个个体 j 寻找处理组的匹配，没有参与者的平均处理效应（ATU）估计量的表达式为：

$$\widehat{ATU} = \frac{1}{N_0} \sum_{j;D_j=0} (\hat{y}_{1j} - y_j) \tag{6-5}$$

其中，$N_0 = \sum_j (1 - D_j)$，代表控制组个体数，$\sum_{i;D_i=0}$ 表示对控制组进行加总。整个样本对应的平均处理效应（ATE）的估计量的表达式为：

$$\widehat{ATE} = \frac{1}{N_0} \sum_{i=1}^{N} (\hat{y}_{1i} - \hat{y}_{0i}) \tag{6-6}$$

其中，$N = N_0 + N_1$ 代表样本的容量。

利用上述思想进行匹配时可以选用不同的方法。方法一是 k 近邻匹配，即寻找倾向得分最近的 k 个不同组的个体。当 $k = 1$，则称为"一对一匹配"，当然即使是邻居也可能相去甚远，进而失去可比性。方法二限制了倾向得分的绝对距离，被称为"半径匹配"。方法三是"卡尺内最近邻匹配"，即在给定的卡尺范围内寻找最近的匹配，这一方法也很流行。这三种方法都是近邻匹配法，都是通过最近的部分个体进行匹配，然后进行简单的算术平均。另外一种匹配方式是整体匹配，每个个体的匹配结果都是不同组的全部个体，只是根据个体距离不同赋予不同的权重，比如在估计 ATT 时，$\hat{y}_{0i}$ 的估计量为：

$$\hat{y}_{0i} = \sum_{j:D_j=0} w(i,j)y_j \qquad (6-7)$$

其中，$w(i,j)$ 是配对的 (i,j) 的权重。如果使用核函数计算权重，这样的方法称为"核匹配"。具体的表达式为：

$$w(i,j) = \frac{K[(x_j - x_i)/h]}{\sum_{k:D_k=0} K[(x_k - x_i)/h]} \qquad (6-8)$$

其中，h 代表指定的带宽，K 是核函数。若是不进行核回归则可以使用局部线性回归来估计 w，这一方法称为"局部线性回归匹配"。还有一种方法是利用更光滑的"三次样条"来估计 w，称为"样条匹配"。

在进行实际匹配的时候，具体应该使用哪种方式进行匹配，还没有具体的指南，没有适合一切的绝对的好方法，应该根据实际问题进行选择匹配。当控制组的个体不多的时候可以选用有放回的匹配，当控制组个体比较多的时候可以选用一对多或者核匹配方法，进而提高匹配的效率。在实际的操作中，可以选择不同的匹配方法，然后对结果进行比较。当基于不同的方法得到的结果是相似的，这也进一步表明结果的稳健性，当存在比较大的差异的时候，需要进一步查找差异的原因。

（3）含内生变量的 Probit 模型。除了样本值之间存在的选择性偏误之外，还可能会存在遗漏变量、反向因果等造成的内生性问题。遗漏变量如落户政策、个人经历等，这些很难衡量，但却可能影响到居留的意愿。城—城流动人口可能由于打算长期居留而选择缴纳住房公积金的工作，造成反向因果关系。上述问题都可能造成估计系数的不一致，本章利用工具变量法（Probit）

与含内生变量的两阶段 Probit 模型来解决该问题。

$$y_{1i}^* = x_i'\alpha + \beta y_{2i} + \mu_i \qquad (6-9)$$

$$y_{2i}^* = x_i'\gamma_1 + z_i'\gamma_2 + \upsilon_i \qquad (6-10)$$

$$y_{1i} = 1\left(y_{1i}^* > 0\right) \qquad (6-11)$$

$$\begin{pmatrix} \mu_i \\ \upsilon_i \end{pmatrix} \sim N\left[\begin{pmatrix} 0 \\ 0 \end{pmatrix}, \begin{pmatrix} 1 & \rho\sigma_\upsilon \\ \rho\sigma_\upsilon & \sigma_\upsilon^2 \end{pmatrix} \right] \qquad (6-12)$$

其中，方程（6-9）称为"结构方程"，方程右侧含有内生变量；方程（6-10）称为"第一阶段方程"，扰动项服从期望值为 0 的二维正态分布。y_{1i} 是可观测的虚拟变量，y_{1i}^* 是不可观测的潜变量。本章利用含有内生变量的 Probit 模型消除内生性。

6.2.3　基准回归

本章利用 Logit 模型与 OLS 回归对模型进行回归，回归结果如表 6.2 所示。对于控制变量，就性别而言，流动人口中女性的迁移意愿显著高于男性；就教育水平而言，受教育程度越高，流动人口的迁移意愿越高；对于婚姻变量，流动人口中已婚人士的迁移意愿显著高于其他类别的；对于流动范围，省内跨市的流动人口的迁移意愿高于跨省的；流动人口中，流动时间越长迁移意愿越高；就单位性质而言，国企、机关、事业单位就业的流动人口的迁移意愿更强；签订劳动合同比没有签订劳动合同的流动人口迁移意愿更弱；收入水平越高，流动人口的迁移意愿越强；在流入地购房的流动人口的迁移意愿比没有购房的流动人口的迁移意愿更高；建立健康档案的流动人口的迁移意愿更高；年龄越大，流动人口的迁移意愿越强，这可能与年龄大更想在城市中稳定下来有关。

表 6.2   **流动人口基准回归结果**

变量	OLS		Logit	
	(1)	(2)	(3)	(4)
公积金	0.186 *** (0.004)	0.072 *** (0.004)	0.880 *** (20.100)	0.450 *** (0.024)
性别		0.018 *** (0.002)		0.094 *** (0.012)
受教育水平		0.036 *** (0.001)		0.189 *** (0.006)
婚姻		0.120 *** (0.003)		0.567 *** (0.015)
流动范围		-0.076 *** (0.002)		-0.368 *** (0.011)
流动时间		0.014 *** (0.0002)		0.078 *** (0.001)
工作		0.028 *** (0.004)		0.184 *** (0.024)
劳动合同		-0.017 *** (0.003)		-0.079 *** (0.014)
上个月收入		0.001 *** (0.0004)		0.006 *** (0.002)
本地购房		0.312 *** (0.003)		1.840 *** (0.017)
健康档案		0.050 *** (0.002)		0.249 *** (0.012)
年龄		-0.001 *** (0.0001)		-0.007 *** (0.0006)
常数项	0.590 *** (0.001)	0.270 *** (0.007)	0.364 *** (0.005)	-1.207 *** (0.039)

注：括号中是标准差；*** 表示在 1% 的水平上显著。

6.2.4　倾向匹配得分法

对缴纳住房公积金与没有缴纳住房公积金的流动人口进行匹配，并考虑到对流动人口迁移意愿有影响的控制变量，建立相应的 Logit 模型，且根据模型估计得到的倾向得分进行匹配。测算匹配后有住房公积金与无住房公积金两个样本的 ATT。基于表 6.3 所示，不管是利用一对一匹配、一对一（自助标准误，迭代 100 次）、4 近邻匹配、卡尺内一对四匹配、半径匹配、核匹配还是局部线性回归匹配，通过对 ATT 测算的结果都显示，在消除了样本间可能存在的选择偏误后，缴纳住房公积金对流动人口的迁移意愿有显著的正影响。

表 6.3　　　　　　　　　　　　　　　倾向匹配得分结果

方法	控制组	处理组	ATT	标准差	z 值
一对一匹配	151845	17155	0.065 ***	0.007	8.87
一对一（自助标准误）	151845	17155	0.065 ***	0.006	10.27
4 近邻匹配	151845	17155	0.059 ***	0.006	9.51
卡尺内一对四匹配	151845	17155	0.059 ***	0.006	9.52
半径匹配	151845	17155	0.059 ***	0.006	10.19
核匹配	151845	17155	0.060 ***	0.005	11.02

注：*** 表示在 1% 的水平上显著。

通过几种匹配方法，ATT 测算值在 1% 的水平上是显著的，且通过一对一匹配与一对一自助标准误得到的 ATT 的值最大，为 0.065，通过 4 近邻匹配与卡尺内一对四匹配、半径匹配得到的 ATT 测算的值相对较小，ATT 的值也为 0.059，虽然通过不同的方法测算得到的值的大小有偏差，但是结果都表明，缴纳住房公积金对乡—城流动人口的迁移意愿影响更强。

6.2.5 含内生变量的 Probit 模型

通过基准模型分析，得出了缴纳住房公积金对流动人口的迁移居留意愿有正的显著影响，但是考虑到可能存在内生性问题，因此本章选取了各地区（省、自治区、直辖市）平均缴纳公积金的金额衡量缴纳水平。由于地区公积金的缴纳金额衡量的总体公积金的缴纳水平，与流动人口参加住房公积金息息相关，又由于地区住房公积金的缴纳不会直接影响到迁移意愿，因此地区公积金的缴纳满足工具变量选取所追寻的相关性与外生性条件。

表 6.4 给出了将地区公积金缴纳水平作为工具变量的 Probit 模型、含有内生变量的两阶段 Probit 模型的回归结果。通过第一个模型的结果得到，参加住房公积金对于流动人口的迁移意愿有显著的正的影响。通过第二个模型，第一阶段的结果显示，地区公积金的缴纳水平对流动人口的迁移意愿有显著的正的影响（0.105），满足工具变量的相关要求；第二阶段的结果表明，在控制了可能由内生性所产生的影响外，参加住房公积金对于流动人口的迁移意愿产生了显著正的影响（0.259）。以上结果都表明，在控制了可能存在的内生性的影响外，参加住房公积金在 1% 的显著性水平上促进了流动人口的迁移居留意愿。

表 6.4　　　　　　　　　　　IV Probit 模型回归结果

变量	IV Probit	第一阶段	第二阶段
公积金			0.259 *** （0.014）
地区公积金	0.259 *** （0.014）	0.105 *** （7.44e−06）	
性别	0.058 *** （0.007）	控制	控制

续表

变量	IV Probit	第一阶段	第二阶段
受教育水平	0.113 *** (0.004)	控制	控制
婚姻	0.349 *** (0.009)	控制	控制
流动范围	− 0.221 *** (0.007)	控制	控制
流动时间	0.045 *** (0.009)	控制	控制
工作	0.106 *** (0.106)	控制	控制
劳动合同	− 0.045 *** (0.009)	控制	控制
上个月收入	0.004 *** (0.001)	控制	控制
本地购房	1.058 *** (0.009)	控制	控制
健康档案	0.149 *** (0.007)	控制	控制
年龄	− 0.004 *** (0.0004)	控制	控制
常数项	− 0.719 *** (0.023)	控制	控制

注：括号中为标准误差；*** 表示在1%的水平上显著。

6.2.6 扩展性分析

前面主要是针对全样本的平均效应进行分析，没有区分缴纳公积金对流动人口中不同群体的居留意愿的影响。为了考虑群体差异性，根据年龄、是否在本地购房以及本次流动时间三个维度进行更加详细的研究。年龄群体中，"80后"与"90后"为一组，其他年龄的为一组；对于本地住房，在本地购买住房的为一组，没有购买住房的为一组；对于本次流入时间变量，根据流入时间的长短进行划分，流入时间不足五年（0~5年）为一组，5年及以上的为一组。表6.5给出了基于Logit模型回归得到的结果。

表6.5　　　　　　　　扩展性分析结果

变量	按年龄分组		本地是否有住房		本次流入时间	
	其他年龄	"80后"与"90后"	有	无	不足5年	5年及以上
公积金缴纳	0.429 *** (0.045)	0.426 *** (0.029)	0.149 *** (0.061)	0.494 *** (0.026)	0.422 *** (0.031)	0.464 *** (0.039)
性别	0.056 *** (0.018)	0.110 * (0.015)	0.169 *** (0.033)	0.083 *** (0.012)	0.083 *** (0.015)	0.096 *** (0.018)
受教育水平	0.138 *** (0.010)	0.212 *** (0.008)	0.152 *** (0.016)	0.195 *** (0.007)	0.211 *** (0.008)	0.152 *** (0.010)
婚姻	0.094 *** (0.032)	0.630 *** (0.020)	0.701 *** (0.032)	0.532 *** (0.016)	0.553 *** (0.018)	0.452 *** (0.026)
流动范围	-0.375 *** (0.017)	-0.361 *** (0.015)	-0.278 *** (0.032)	-0.371 *** (0.012)	-0.389 *** (0.015)	-0.317 *** (0.018)
流动时间	0.071 *** (0.001)	0.095 *** (0.002)	0.026 *** (0.003)	0.088 *** (0.001)	0.185 *** (0.006)	0.052 *** (0.002)
工作	0.110 *** (0.023)	0.199 *** (0.028)	0.053 (0.063)	0.198 (0.026)	0.152 *** (0.030)	0.233 *** (0.040)
劳动合同	-0.090 *** (0.023)	-0.070 *** (0.018)	0.219 ** (0.047)	-0.108 *** (0.015)	-0.111 *** (0.018)	-0.016 (0.023)
上个月收入	0.001 *** (0.003)	0.009 *** (0.003)	0.021 *** (0.005)	0.002 *** (0.002)	0.008 *** (0.003)	0.004 *** (0.003)

变量	按年龄分组		本地是否有住房		本次流入时间	
	其他年龄	"80后"与"90后"	有	无	不足5年	5年及以上
本地购房	1.760 *** (0.024)	1.910 *** (0.024)			2.061 *** (0.025)	1.599 *** (0.023)
健康档案	0.284 *** (0.018)	0.218 *** (0.015)	0.165 *** (0.031)	0.262 *** (0.013)	0.237 *** (0.015)	0.242 *** (0.018)
年龄	-0.009 *** (0.001)	0.006 *** (0.002)	-0.009 *** (0.001)	-0.007 *** (0.001)	-0.007 *** (0.001)	-0.008 *** (0.018)
常数项	-0.461 *** (0.086)	-1.773 *** (0.059)	0.905 *** (0.105)	-1.232 *** (0.042)	-1.506 *** (0.051)	-0.668 *** (0.063)

注：括号中为标准误差；*** 、** 、* 分别表示在1%、5%、10%的水平上显著。

（1）对于年龄分组，从表6.5中的按年龄分组的回归结果可以看出，参与住房公积金对"80后"与"90后"流动人口的迁移意愿的影响与其他年龄流动人口的影响都很大。缴纳住房公积金可以使"80后"与"90后"流动人口中打算在流入城市居住5年及以上的概率在1%的水平上显著地提升42.6%。

（2）对于本地是否有房变量，通过表6.5可以看出，对本地无房而言，缴纳住房公积金的流动人口迁移的概率显著提升49.4%；对本地有房的人群，缴纳公积金对他们的迁移意愿提升14.9%。该结果也与常识一致：对于本地没有购买房子的流动人口，是否缴纳住房公积金影响着购房成本，进而影响着迁移意愿；对于有房人群而言，已经住有所居，住房公积金也会影响他们的居留，但影响作用没有无房的影响那么大。

（3）对于本次流入时间变量，对本次流入时间达到5年及以上的流动人口而言，缴纳住房公积金使流动人口在本地居留的概率显著提高46.4%；本次流入时间较短，流入该城市不足 5 年的流动人口，缴纳住房公积金可以使迁移概率显著提高 42.2% 。相对来讲，流入时间越长，缴纳住房公积金对流动人口的迁移意愿影响越大。

6.2.7　稳健性分析

为了进一步检验估计结果的稳健性，本章主要用以下方法进行检验。首先，利用 Probit 模型重新进行回归；其次，选取了其他的因变量，用如果条件允许你是否考虑在本地落户这一变量代替你是否打算在本地居住 5 年及以上这一个被解释变量，对于该问题中回答为"是"的定义为 1，代表流动人口打算在该城市居留，其他为 0；最后，利用新的被解释变量，利用 OLS、Logit 及 Probit 模型进行重新回归。表 6.6 给出了各模型的回归结果，多种稳健性检验结果都显示，缴纳住房公积金显著地提升了流动人口的迁移意愿。其他的控制变量也得到了相似的结论，说明基准模型回归结果是稳健的。

表 6.6　稳健性检验

变量	Probit	OLS	Logit	Probit
公积金缴纳	0.258 *** (0.014)	0.106 *** (0.004)	0.432 *** (0.020)	0.273 *** (0.012)
性别	0.058 *** (0.007)	0.033 *** (0.004)	0.156 *** (0.011)	0.094 *** (0.007)
受教育水平	0.113 *** (0.004)	0.058 *** (0.001)	0.268 *** (0.005)	0.162 *** (0.004)
婚姻	0.349 *** (0.009)	0.042 *** (0.003)	0.211 *** (0.015)	0.125 *** (0.009)
流动范围	-0.221 *** (0.007)	0.061 *** (0.002)	0.290 *** (0.011)	0.171 *** (0.007)

变量	Probit	OLS	Logit	Probit
流动时间	0.045 *** (0.009)	0.011 *** (0.0002)	0.052 *** (0.001)	0.032 *** (0.0006)
工作	0.106 *** (0.014)	0.023 *** (0.004)	0.092 ** (0.021)	0.059 *** (0.013)
劳动合同	- 0.045 *** (0.009)	0.046 *** (0.003)	0.221 ** (0.014)	0.132 *** (0.008)
上个月收入	0.004 *** (0.001)	- 0.004 *** (0.0004)	- 0.018 *** (0.002)	- 0.011 *** (0.001)
本地购房	1.058 *** (0.023)	0.071 *** (0.003)	0.323 *** (0.012)	0.196 *** (0.008)
健康档案	0.149 *** (0.007)	0.016 *** (0.002)	0.077 *** (0.011)	0.047 *** (0.007)
年龄	- 0.004 *** (0.0004)	- 0.0008 *** (0.0001)	- 0.004 *** (0.0006)	- 0.002 *** (0.0004)
常数项	- 0.718 *** (0.023)	- 0.004 *** (0.008)	- 2.277 *** (0.037)	- 1.382 *** (0.022)

注：括号中为标准误差；***、** 分别表示在1%、5%的水平上显著。

6.3 住房公积金影响城—城流动人口居留意愿

6.3.1 描述性分析

（1）被解释变量——城—城流动人口的居留意愿。调查问卷中"您今后是否打算在本地长期居住（5年以上）？"该问题有"打算＝1""返乡＝2"

"继续流动 =3""没想好 =4"四个选项。调查问卷的结果显示，有 14281 人"打算居留"，占比为 73.04%；有 823 人打算"返乡"，占比为 4.21%；有 467 人打算"继续流动"，占比为 2.39%；有 3980 人"没想好"，占比为 20.36%。将具有明确迁移意愿的选项 1 赋值为 1，其他选项赋值为 0。

（2）核心解释变量——是否缴纳住房公积金。调查问卷中"您是否参加住房公积金？"答案选项包括："是""否""不清楚"。由于"不清楚"的样本量只有 154 个，占比仅为 0.8%，因此本章研究删除了这一部分样本。对于回答"是"的赋值为 1，回答为"否"的赋值为 0。其中，回答参加住房公积金的城—城流动人口有 6042 人，占比为 30.90%；回答"否"的人有 13509 人，占比为 69.10%。基于表 6.7 可以看到，缴纳公积金的比例是 30.9%，大部分流动人口都没有缴纳公积金。

表 6.7　　　　　　　　　　　变量的描述结果

变量	含义	不缴纳公积金（13509）		缴纳公积金（6042）		全部样本（19551）	
		均值	标准差	均值	标准差	均值	标准差
迁移意愿	迁移为 1，否则 0	0.687	0.464	0.827	0.378	0.730	0.444
公积金	是否缴纳公积金	0	0.000	1	0.000	0.309	0.462
性别	女性为 1，男性为 0	0.516	0.450	0.436	0.496	0.492	0.500
受教育水平	初中及以下为参考						
	是否高中毕业	0.324	0.468	0.143	0.350	0.268	0.443
	是否大学及以上学历	0.352	0.478	0.808	0.394	0.493	0.500
婚姻	已婚为 1，其他为 0	0.794	0.404	0.827	0.378	0.804	0.397
流动范围	省内跨市为 1，跨省为 0	0.464	0.499	0.334	0.472	0.424	0.494
流动时间	本次流动的时间（年）	5.722	5.494	6.079	5.081	5.833	5.372

续表

变量	含义	不缴纳公积金 (13509)		缴纳公积金 (6042)		全部样本 (19551)	
		均值	标准差	均值	标准差	均值	标准差
单位性质	国企、机关、事业单位为参考						
个体工商户	是否个体工商户	0.345	0.476	0.037	0.188	0.250	0.433
民营企业	是否民营企业	0.258	0.437	0.298	0.457	0.270	0.444
其他企业	非以上企业的企业	0.099	0.299	0.149	0.356	0.114	0.318
劳动合同	是否签订劳动合同	0.303	0.460	0.840	0.366	0.469	0.499
上个月收入	收入取对数	6.493	3.386	8.105	2.050	6.991	3.126
本地购房	是否在本地购房	0.389	0.487	0.548	0.498	0.438	0.496
本地外城市购房	在本地外的其他城市购房为1，否则为0	0.351	0.477	0.344	0.475	0.349	0.477
考虑落户	考虑落户为1，否则为0	0.497	0.500	0.700	0.459	0.560	0.496
健康档案	建立为1，否则为0	0.393	0.488	0.399	0.490	0.395	0.489
年龄	年龄（岁）	36.36	9.733	33.90	7.227	35.60	9.105

（3）控制变量。根据 2016 年全国流动人口动态监测调查数据，控制有可能影响城—城流动人口迁移的相关变量，包括性别、受教育水平（高中、大学及以上）、婚姻情况、流动范围（省内跨市、跨省）、单位性质、劳动合同、上个月收入、是否在本地购房、是否在本地以外的城市买房、如果条件允许是否考虑在本地落户、是否建立健康档案、年龄等。考虑到不同地区的公积金缴纳政策不同，加入了地区变量，如果处在东部则为 1，其他地区为 0。表 6.7 给出了相关变量的描述性统计分析结果。可以看出，总体女性占比较男性占比低，缴纳公积金的女性占比更低，只有 49.2%。缴纳公积金的城—城流动人口中女性的占比只有 43.6%，没有缴纳公积金的城—城流动人口占比高达 51.6%。这表明在流动人口中，女性的公积金缴纳比例更低，更

应该关注女性就业人口。我国流动人口的受教育水平有大约 70% 的人口在高中及以上水平，缴纳公积金的城—城流动人口的受教育水平在大学及以上的高达 80% 以上。婚姻状况上，样本中有 80% 的城—城流动人口已经结婚。流动范围上，有一半以上的城—城流动人口是跨省流动，缴纳公积金的流动人口跨省流动的占比更高。流动时间上，全部样本的流动时间平均在 5.8 年左右，缴纳公积金的流动人口的流动时间平均在 6 年左右。只有很少的流动人口在国企、机关、事业单位等地工作，但缴纳公积金的流动人口中在国企、机关、事业单位等地工作占比很高。缴纳公积金的流动人口签订劳动合同的占比高达 84%，但总体城—城流动人口中签订劳动合同的占比只有 47%，没有缴纳公积金的流动人口签订劳动合同的比例只有 30%。缴纳公积金的城—城流动人口在本地购房的占比高达约 55%，但总体城—城流动人口在本地购房的占比只有 44%，没有缴纳公积金的城—城流动人口在本地购房的比例更低，只有 39%。缴纳公积金的城—城流动人口建立健康档案的占比约 40%，总体城—城流动人口建立健康档案的占比 39.5%，没有缴纳公积金的城—城流动人口建立健康档案的占比约 39%。缴纳公积金的城—城流动人口的平均年龄为 33.9 岁，但总体城—城流动人口的平均年龄为 35.6 岁，没有缴纳公积金的城—城流动人口的年龄会更大一点，平均年龄在 36.4 岁左右。

6.3.2 基准回归

对于控制变量，就性别而言，城—城流动人口中女性的迁移意愿显著高于男性；就教育水平而言，城—城流动人口中拥有大学及以上学历的迁移意愿最高，其次为高中，表明受教育水平越高，越向往在流入城市长居；对于婚姻变量，城—城流动人口中已婚人士的迁移意愿显著高于其他类别；对于流动范围，省内跨市的流动人口的迁移意愿高于跨省的；城—城流动人口中，流动时间越长迁移意愿越高；就单位性质而言，国企、机关、事业单位的城—城流动人口迁移意愿更强，其他企业的城—城流动人口迁移意愿较弱或者影响不大；签订劳动合同比没有签订劳动合同的城—城流动人口迁移意愿更强；收入水平越高，城—城流动人口的迁移意愿越强；在流入地购房的城—城流动人口的迁移意愿比在其他地方购房的城—城流动人口的迁移意愿更高；建立健康档案的城—城流动人口的迁移意愿更高；年龄越大，城—城流动人口的迁移意愿越低；流入东部地区的城—城流动人口的迁移意愿比中西部更强（见表6.8）。

表6.8 基准模型回归结果

变量	OLS			Logit		
	(1)	(2)	(3)	(4)	(5)	(6)
公积金	0.118 *** (19.88)	0.051 *** (8.39)	0.038 *** (4.669)	0.779 *** (20.100)	0.343 *** (6.474)	0.286 *** (5.358)
性别		0.006 ** (2.19)	0.028 *** (4.553)		0.211 *** (5.567)	0.181 *** (4.759)
受教育水平		0.015 *** (9.61)	0.021 *** (2.611)		0.122 ** (2.517)	0.121 ** (2.487)
婚姻		0.127 *** (35.19)	0.104 *** (13.351)		0.578 *** (12.875)	0.555 *** (12.294)
流动范围		−0.107 *** (−38.77)	0.051 *** (7.981)		0.134 *** (3.565)	0.277 *** (7.000)
流动时间		0.012 *** (44.81)	0.011 *** (18.532)		0.082 *** (18.928)	0.079 *** (18.153)
工作		0.023 *** (3.99)	−0.015 (−1.353)		−0.028 (−0.402)	−0.080 (−1.120)
劳动合同		−0.040 *** (−11.62)	0.010 (1.238)		0.108 ** (2.146)	0.061 (1.194)

续表

变量	OLS			Logit		
	(1)	(2)	(3)	(4)	(5)	(6)
上个月收入		0.002 ***	0.003 **		0.024 ***	0.025 ***
		(5.10)	(2.142)		(2.622)	(2.787)
本地购房		0.399 ***	0.238 ***		1.600 ***	1.617 ***
		(118.70)	(36.108)		(33.928)	(34.144)
健康档案		0.049 ***	0.054 ***		0.259 ***	0.334 ***
		(17.72)	(8.966)		(6.790)	(8.608)
年龄		-0.002 ***	-0.002 ***		-0.014 ***	-0.013 ***
		(-11.51)	(-5.852)		(-6.317)	(-5.912)
常数项	0.465 ***	0.244 ***	0.416 ***	0.787 ***	-0.456 ***	-0.733 ***
	(300.85)	(26.036)	(22.467)	(42.407)	(-4.155)	(-6.514)

注：括号内为 t 统计量的值；*** 、** 、* 分别表示在 1%、5%、10% 的水平上显著。

6.3.3 倾向匹配得分法

对缴纳住房公积金与没有缴纳住房公积金的城—城流动人口进行匹配，并考虑到对城—城流动人口迁移意愿有影响的控制变量，建立相应的 Logit 模型，并根据模型估计得到的倾向得分进行匹配。测算匹配后有住房公积金与无住房公积金两样本的 ATT。如表 6.9 所示，不管是何种匹配，通过对 ATT 测算的结果都显示，在消除了样本间可能存在的选择偏误后，缴纳住房公积金对城—城流动人口的迁移意愿有显著正的影响。

表 6.9　　　　　　　　　倾向匹配得分结果

方法	控制组	处理组	ATT	标准差	z 值
一对一匹配	13509	6027	0.037 ***	0.014	2.60 ***

方法	控制组	处理组	ATT	标准差	z 值
一对一（自助标准误）	13509	6027	0.037 ***	0.012	3.14
4 近邻匹配	13466	6027	0.047 ***	0.012	3.92 ***
卡尺内一对四匹配	13466	6027	0.047 ***	0.012	3.92 ***
半径匹配	13466	6027	0.041 ***	0.011	3.61 ***
核匹配	13466	6027	0.045 ***	0.011	4.02 ***
局部线性回归匹配	13466	6027	0.039 ***	0.014	2.78 ***
样条匹配			0.044 ***	0.009	4.92 ***
马氏匹配	13509	6042	0.037 ***	0.096	3.92 ***

注：*** 表示在 1% 的水平上显著。

通过几种匹配方法，ATT 测算值在 1% 的显著水平上是显著的，且通过 4 近邻匹配与卡尺内一对四匹配得到的 ATT 的值最大，为 0.047，通过一对一匹配与马氏匹配得到的 ATT 测算的值比较小，但是 ATT 的值也为 0.037，虽然通过不同的方法测算得到的值的大小有偏差，但是结果都表明：缴纳住房公积金的城—城流动人口的迁移意愿更强。

6.3.4 含内生变量的 Probit 模型

通过基准模型分析，得出了缴纳住房公积金对城—城流动人口的迁移意愿有正的显著的影响，但是考虑到可能存在内生性问题，因此本章选取了各地区（省、自治区、直辖市）平均缴纳公积金的金额衡量缴纳水平。

表 6.10 给出了将地区公积金缴纳水平作为工具变量的 Probit 模型、含有内生变量的两阶段 Probit 模型的回归结果。通过第一个模型的结果得到，参加住房公积金对于城—城流动人口的迁移意愿有显著的正的影响。通过第二个模型，第一阶段的结果显示，地区公积金的缴纳水平对城—城流动人口的

迁移意愿有显著的正的影响（0.105），满足工具变量的相关要求；第二阶段的结果表明，在控制了可能由内生性所产生的影响外，参加住房公积金对于城—城流动人口的意愿产生了显著正的影响（0.152）。以上结果都表明，在控制可能存在的内生性影响外，参加住房公积金在 1% 的显著性水平上促进了城—城流动人口的迁移意愿。

表 6.10 　　　　　　　　　　IV Probit 模型回归结果

变量	IV Probit	第一阶段	第二阶段
参加公积金			0.152 *** （4.92）
地区公积金缴纳	0.152 *** （4.95）	0.105 *** （3968.93）	
控制变量	控制	控制	控制
地区效应	控制	控制	控制
Wald 卡方值	3139.78 ***		3415.81 ***
R^2		0.993	

注：括号中为 t 统计量的值；*** 表示在 1% 的水平上显著。

6.3.5　扩展性分析

前面主要是针对全样本的平均效应进行分析，没有区分缴纳公积金对城—城流动人口中不同群体的迁移意愿的影响。为了考虑群体差异性，根据年龄、是否在本地购房以及本次流动时间三个维度进行更加详细的研究。年龄群体中，"80 后"与"90 后"为一组，其他年龄为一组；对于本地住房，在本地购买住房为一组，没有购买住房的为一组；对于本次流入时间变量，根据流入时间的长短进行划分，流入时间不足五年（0 ~ 4 年）为一组，5 年及以上的为一组。表 6.11 给出了基于 Logit 模型回归得到的结果。

表6.11 扩展性分析结果

变量	按年龄分组		本地是否有住房		本次流入时间	
	"80后"与"90后"	其他年龄	有	无	不足5年	5年及以上
公积金缴纳	0.349*** (5.30)	0.159* (1.72)	-0.109 (-0.94)	0.382*** (6.30)	0.279*** (4.05)	0.294*** (3.44)
控制变量	控制	控制	控制	控制	控制	控制
地区效应	控制	控制	控制	控制	控制	控制
LR卡方值	2615.63***	1649.13***	310.27***	1147.56***	2365.42***	1192.20***
Pseudo R²	0.192	0.180	0.063	0.077	0.180	0.133
样本量	11856	7695	8564	10987	10163	9388

注：括号中为t统计量的值；***、*分别表示在1%、10%的水平上显著。

（1）对于年龄分组，从表6.11中按年龄分组的回归结果可以看出，参与住房公积金对"80后"与"90后"城—城流动人口的迁移意愿的影响比其他年龄城—城流动人口的影响更大。缴纳住房公积金可以使"80后"与"90后"的城—城流动人口中打算在流入城市居住5年及以上的概率在1%的水平上显著地提升34.9%，而对其他年龄城—城流动人口而言，提升的概率值仅为15.9%。

（2）对于本地是否有住房变量，通过表6.11可以看出，对本地无房而言，缴纳住房公积金的城—城流动人口的迁移概率上显著提升38.2%，对于本地有房的人群，缴纳公积金对城—城流动人口的迁移意愿影响并不显著。该结果也与常识一致：对于本地没有购买房子的城—城流动人口，是否缴纳住房公积金影响着购房成本，进而影响着迁移意愿；对于有房人群而言，已经住有所居，住房公积金显然不是这个群体迁移意愿的主要影响因素。

（3）对于本次流入时间变量，对本次流入时间达到5年及以上的城—城流动人口而言，缴纳住房公积金使人口迁移的概率显著提高 29.4% ；相对本次流入时间较短，不足 5 年的城—城流动人口，缴纳住房公积金可以使人口迁移的概率显著提高 27.9% 。相对来讲，流入时间越长，缴纳住房公积金对城—城流动人口的迁移意愿影响越大。

6.3.6 稳健性分析

为了进一步检验估计结果的稳健性，本章主要用以下方法进行检验。首先，利用 Probit 模型重新进行回归；其次，选取了其他的因变量，用"如果条件允许你是否考虑在本地落户"这一变量代替被解释变量；最后，利用 OLS、Logit 及 Probit 模型进行重新回归。表 6.12 给出了各模型的回归结果。多种稳健性的检验结果都显示，缴纳住房公积金显著地提升了城—城流动人口的迁移意愿。

表 6.12　　　　　　　　　　　　　　稳健性检验

变量	Probit	OLS	Logit	Probit
参与住房公积金	0.153 *** （4.98）	0.217 *** （29.00）	0.298 *** （6.69）	0.183 *** （6.79）
控制变量	控制	控制	控制	控制
地区效应	控制	控制	控制	控制
Pesdo R^2	0.185		0.111	0.112
R^2		0.144		
LR 卡方值			2984.65 ***	2994.63 ***
Wald 卡方值	3140.69 ***			

注：括号中为 t 统计量的值；*** 表示在 1% 的水平上显著。

6.4 住房公积金影响乡—城流动人口居留意愿

6.4.1 描述性分析

本节的数据来源于 2017 年国家卫计委调研的流动人口动态监测数据。本节重点关注乡—城流动人口，因此选取农业户口且流入地是城市的样本进行研究，通过数据处理后，总共有 138891 个样本。

被解释变量——乡—城流动人口的迁移意愿。调查问卷中"您今后是否打算在本地长期居住（5 年以上）?"该问题有"打算 =1""返乡 =2""继续流动 =3""没想好 =4"四个选项。将具有明确居留意愿的选项 1 赋值为 1，其他赋值为 0。

核心解释变量——是否缴纳住房公积金。调查问卷中"您是否参加住房公积金?"，答案选项包括"是""否""不清楚"。对于回答"是"的赋值为 1，回答为"否"与"不清楚"的赋值为 0。

主要控制变量。表 6.13 给出了主要的控制变量及相关变量的描述性统计分析结果。

表 6.13   **乡—城流动人口的描述性统计分析结果**

变量	含义	不缴纳公积金		缴纳公积金		全部样本	
		均值	标准差	均值	标准差	均值	标准差
迁移意愿	打算居留为1，否则为0	0.574	0.494	0.742	0.438	0.585	0.493
公积金	是否缴纳公积金	0	0.000	1	0.000	0.065	0.246
性别	女性为1，男性为0	0.480	0.500	0.428	0.495	0.477	0.499

续表

变量	含义	不缴纳公积金		缴纳公积金		全部样本	
		均值	标准差	均值	标准差	均值	标准差
受教育水平	从 1～7 值越大教育水平越高	3.179	0.901	4.330	1.156	3.254	0.962
婚姻	已婚为 1，其他为 0	0.809	0.393	0.760	0.427	0.806	0.395
流动范围	跨省为 1，其他为 0	0.493	0.500	0.506	0.500	0.494	0.500
流动时间	本次流动的时间（年）	5.617	5.528	5.247	4.919	5.593	5.492
单位性质	国企、机关、事业单位为参考	0.043	0.204	0.320	0.467	0.061	0.240
劳动合同	是否签订劳动合同	0.225	0.417	0.875	0.331	0.267	0.442
上个月收入	收入取对数	6.651	3.108	7.901	1.790	6.732	3.055
本地购房	是否本地购房	0.231	0.422	0.366	0.482	0.240	0.427
健康档案	建立为 1，否则为 0	0.376	0.484	0.438	0.496	0.380	0.485
年龄	年龄（岁）	35.733	10.567	31.561	7.189	35.462	10.432

由表 6.13 可以看出，总体女性乡—城流动人口占比较男性占比低，缴纳公积金的女性乡—城流动人口占比更低，为 42.8%。这表明在我国流动人口中，女性乡—城流动人口的公积金缴纳比例更低。缴纳公积金的乡—城流动人口的平均受教育水平在高中及以上。婚姻状况，样本中有 80% 的乡—城流动人口已经结婚，缴纳公积金的乡—城流动人口中只有 76% 的人口已经结婚。流动范围有近一半的乡—城流动人口是跨省流动，缴纳公积金的流动人口跨省流动的占比是 50.6%，乡—城流动人口中缴纳公积金的人口更多地在省内流动。流动时间上，全部样本的流动时间在 5.6 年左右，缴纳公积金的流动人口的流动时间在 5.25 年左右。流动人口中只有很少的流动人口在国企、机关、事业单位等地工作，但缴纳公积金的人口中在国企、机关、事业单位等地工作的占比很高，为 32%。缴纳公积金的流动人口签订劳动合同的占比高达 87.5%，但总体签订劳动合同的乡—城流动人口占比只有 26.7%，

没有缴纳公积金的乡—城流动人口签订劳动合同的比例更低，只有 22.5%。
缴纳公积金的乡—城流动人口在本地购房的占比高达 36.6%，但总体乡—城
流动人口在本地购房的占比只有 24%，没有缴纳公积金的乡—城流动人口在
本地购房的比例更低，只有 23.1%。缴纳公积金的乡—城流动人口建立健康
档案的占比高达 43.8%，但总体建立健康档案的占比只有 38%，没有缴纳公
积金的乡—城流动人口建立健康档案的比例更低，只有 37.6%。缴纳公积金
的乡—城流动人口的年龄平均为 31.6 岁左右，但总体乡—城流动人口的平均
年龄为 35.5 岁左右，没有缴纳公积金的流动人口的年龄会更大一点，平均年
龄在 35.7 岁左右。

6.4.2　基准回归

本章利用 Logit 模型与 OLS 回归对模型进行回归，表 6.14 的回归结果显
示，不管是利用哪种方法，不管有没有控制其他变量，住房公积金均促进了
乡—城流动人口的迁移意愿。对于控制变量，就性别而言，乡—城流动人口
中女性的迁移意愿显著高于男性；就教育水平而言，受教育水平越高乡—城
流动人口的迁移意愿越高；对于婚姻变量，乡—城流动人口中已婚人士的迁
移意愿显著高于其他类别的；对于流动范围，省内跨市的流动人口的迁移意
愿高于跨省的；乡—城流动人口之中，流动时间越长迁移意愿越低；就单位
性质而言，国企、机关、事业单位的乡—城流动人口迁移意愿更强。签订劳
动合同比没有签订劳动合同的乡—城流动人口迁移意愿更低，这可能是由于
乡—城流动人口中约 73% 的流动人口没有签订劳动合同，随着劳动市场要求
越来越严格，可能会产生不一样的结论；收入水平越高，乡—城流动人口的
迁移意愿越强；在流入地购房的乡—城流动人口比在其他地方购房的乡—城
流动人口的迁移意愿更高；建立健康档案的乡—城流动人口的迁移意愿更高；
年龄越大，乡—城流动人口的迁移意愿越低。

表 6.14 乡—城流动人口基准回归结果

变量	OLS		Logit	
	(1)	(2)	(3)	(4)
公积金	0.168 *** (31.42)	0.092 *** (16.85)	0.779 *** (20.100)	0.527 *** (17.81)
性别		0.015 ** (5.88)		0.073 *** (5.78)
受教育水平		0.015 *** (23.26)		0.175 ** (23.23)
婚姻		0.128 *** (38.35)		0.591 *** (35.98)
流动范围		-0.084 *** (-33.77)		-0.399 *** (-32.38)
流动时间		0.015 *** (62.97)		0.079 *** (60.52)
工作		0.044 *** (8.12)		0.247 *** (8.73)
劳动合同		-0.027 *** (-8.65)		-0.120 ** (-7.84)
上个月收入		0.001 *** (3.24)		0.008 *** (3.90)
本地购房		0.322 *** (107.86)		1.872 *** (96.59)
健康档案		0.051 *** (20.40)		0.250 *** (19.69)
年龄		-0.002 *** (-11.86)		-0.009 *** (-12.12)
常数项	0.574 *** (421.31)	0.273 *** (31.35)	0.787 *** (42.407)	-1.142 *** (-25.94)

注:括号中为 t 统计量的值;*** 、** 分别表示在 1% 、5% 的水平上显著。

6.4.3 倾向匹配得分法

对缴纳住房公积金与没有缴纳住房公积金的乡—城流动人口进行匹配，并考虑到对乡—城流动人口迁移意愿有影响的控制变量，建立相应的 Logit 模型，并根据模型估计得到的倾向得分进行匹配。测算匹配后有住房公积金与无住房公积金两样本的 ATT。如表 6.15 所示，不管是利用何种匹配，通过对 ATT 测算的结果都显示，在消除了样本间可能存在的选择偏误后，缴纳住房公积金对乡—城流动人口迁移意愿有显著的正影响。

表 6.15　　　　　　　　　　倾向匹配得分结果

方法	控制组	处理组	ATT	标准差	T 值
一对一匹配	129881	9010	0.085 ***	0.009	9.97
一对一（自助标准误）	129881	9010	0.086 ***	0.008	10.55
4 近邻匹配	129881	9010	0.168 ***	0.005	31.42
卡尺内一对四匹配	129881	9010	0.080 ***	0.007	11.59
半径匹配	129881	9010	0.081 ***	0.063	12.91
核匹配	129881	9010	0.082 ***	0.006	13.24

注：*** 表示在1%的水平上显著。

通过几种匹配方法，ATT 测算值在1%的水平上是显著的，且通过4 近邻匹配得到的 ATT 的值最大，为0.168；通过卡尺内一对四匹配得到的 ATT 测算的值比较小，但是 ATT 的值也为0.080。虽然通过不同的方法测算得到的值的大小有偏差，但是结果都表明，缴纳住房公积金的乡—城流动人口具有更强的迁移意愿。

6.4.4　含内生变量的 Probit 模型

通过基准模型分析，得出了缴纳住房公积金对乡—城流动人口的迁移意愿有显著正的影响，但是考虑到可能存在内生性问题，因此本章选取了各地区缴纳公积金的平均金额衡量公积金水平。

表 6.16 给出了将地区公积金缴纳水平作为工具变量的 Probit 模型、含有内生变量的两阶段 Probit 模型的回归结果。通过第一个模型的结果得到，参加住房公积金对于乡—城流动人口的迁移意愿有显著正的影响。通过第二个模型，第一个阶段显示，地区公积金的缴纳水平对乡—城流动人口的迁移意愿有显著正的影响（0.105），满足工具变量的相关要求；第二阶段的结果表明，在控制了可能由内生性产生的影响外，参加住房公积金对于乡—城流动人口的迁移意愿产生了显著正的影响（0.315）。以上结果都表明，在控制了可能存在的内生性的影响后，参加住房公积金在 1% 的显著水平上促进了乡—城流动人口的迁移意愿。

表 6.16　　　　　　　　　　Probit 模型回归结果

变量	Probit	第一阶段	第二阶段
公积金			0.315 *** (0.018)
地区公积金	0.315 *** (0.018)	0.105 *** (7.22e − 06)	
性别	0.046 *** (0.008)	控制	控制
受教育水平	0.106 *** (0.005)	控制	控制
婚姻	0.364 *** (0.010)	控制	控制

续表

变量	Probit	第一阶段	第二阶段
流动范围	−0.242 *** (0.007)	控制	控制
流动时间	0.046 *** (0.0008)	控制	控制
工作	0.150 *** (0.018)	控制	控制
劳动合同	−0.072 *** (0.009)	控制	控制
上个月收入	0.005 *** (0.001)	控制	控制
本地购房	1.080 *** (0.010)	控制	控制
健康档案	0.150 *** (0.008)	控制	控制
年龄	−0.006 *** (0.0004)	控制	控制
常数项	−0.689 *** (0.026)	控制	控制

注：括号中为标准误差；*** 表示在1%的水平上显著。

6.4.5 扩展性分析

表6.17给出了基于Logit模型回归结果的扩展性分析结果。

表6.17 　　　　　　　　　　　　扩展性分析结果

变量	按年龄分组		本地是否有住房		本次流入时间	
	"80后"与"90后"	其他年龄	有	无	不足5年	5年及以上
公积金缴纳	0.458 *** (0.034)	0.646 *** (0.061)	0.379 *** (0.061)	0.536 *** (0.032)	0.497 *** (0.037)	0.544 *** (0.049)

续表

变量	按年龄分组		本地是否有住房		本次流入时间	
	"80 后"与"90 后"	其他年龄	有	无	不足 5 年	5 年及以上
性别	0.093 *** (0.017)	0.037 * (0.020)	0.165 *** (0.038)	0.062 *** (0.013)	0.060 *** (0.017)	0.079 *** (0.020)
受教育水平	0.206 *** (0.010)	0.114 *** (0.013)	0.167 *** (0.021)	0.175 *** (0.008)	0.210 *** (0.010)	0.120 *** (0.012)
婚姻	0.631 *** (0.022)	0.119 *** (0.037)	0.763 *** (0.052)	0.555 *** (0.017)	0.573 *** (0.020)	0.480 *** (0.029)
流动范围	- 0.384 *** (0.016)	- 0.412 *** (0.019)	- 0.374 *** (0.037)	- 0.395 *** (0.013)	- 0.403 *** (0.016)	- 0.369 *** (0.019)
流动时间	0.095 *** (0.002)	0.072 *** (0.002)	0.027 *** (0.003)	0.088 *** (0.001)	0.188 *** (0.006)	0.054 *** (0.002)
工作	0.255 *** (0.033)	0.186 *** (0.056)	0.214 ** (0.090)	0.246 *** (0.030)	0.221 *** (0.035)	0.282 *** (0.049)
劳动合同	- 0.107 *** (0.020)	- 0.134 *** (0.025)	0.128 ** (0.055)	- 0.141 *** (0.016)	- 0.155 *** (0.020)	- 0.050 *** (0.025)
上个月收入	0.009 *** (0.003)	0.008 *** (0.003)	0.021 *** (0.006)	0.006 *** (0.002)	0.009 *** (0.003)	0.008 *** (0.003)
本地购房	1.963 *** (0.028)	1.773 *** (0.027)			2.110 *** (0.029)	1.620 *** (0.026)
健康档案	0.212 *** (0.017)	0.295 *** (0.019)	0.158 *** (0.036)	0.262 *** (0.013)	0.222 *** (0.017)	0.262 *** (0.020)
年龄	0.007 *** (0.002)	- 0.012 *** (0.001)	- 0.010 *** (0.002)	- 0.008 *** (0.001)	- 0.008 *** (0.001)	- 0.010 *** (0.001)
常数项	- 1.757 *** (0.069)	- 0.348 *** (0.100)	0.888 *** (0.131)	- 1.140 *** (0.047)	- 1.490 *** (0.058)	- 0.542 *** (0.072)

注：括号中为 t 统计量的值；*** 、** 分别表示在 1%、5% 的水平上显著。

（1）对于年龄分组，从表 6.17 中按年龄分组的回归结果可以看出，参与住房公积金对"80 后"与"90 后"乡—城流动人口的迁移意愿的影响比其他年龄乡—城流动人口的影响更小。缴纳住房公积金可以使"80 后"与"90 后"的乡—城流动人口中打算在流入城市居住 5 年及以上的概率在 1% 的水平上显著地提升 45.8% ，而对其他年龄的乡—城流动人口而言，提升的概率为 64.6% 。

（2）对于本地是否有住房变量，通过表 6.17 可以看出，对本地有住房而言，缴纳住房公积金的乡—城流动人口的迁移概率显著提升 37.9% ；对于本地无房的人群，缴纳公积金使他们的迁移意愿提升 53.6% 。对于本地没有购买房子的乡—城流动人口，是否缴纳住房公积金影响着购房成本，进而影响着迁移意愿。

（3）对于本次流入时间变量，对本次流入时间达到 5 年及以上的乡—城流动人口而言，缴纳住房公积金使乡—城流动人口的迁移意愿显著提高 54.4% ；相对本次流入时间较短，不足 5 年的乡—城流动人口，缴纳住房公积金可以使乡—城流动人口的迁移意愿显著提高 49.7% 。相对来讲，流入时间越长，缴纳住房公积金对乡—城流动人口的迁移意愿影响越大。

6.4.6 稳健性分析

为了进一步检验估计结果的稳健性，本章主要用以下方法进行检验。首先，利用 Probit 模型进行回归；其次，选取其他的因变量——如果条件允许你是否考虑在本地落户；最后，利用 OLS、Logit 及 Probit 模型进行重新回归。表 6.18 给出了各模型的回归结果。多种稳健性的检验结果都显示，缴纳住房公积金显著地提升了乡—城流动人口的迁移意愿，其他的控制变量也得到相似的结论，表明基于 Logit 模型进行回归得到的结果是稳健的，住房公积金促进了乡城流动人口的迁移意愿。

表 6.18　　　　　　　　　　稳健性检验

变量	Probit	OLS	Logit	Probit
公积金缴纳	0. 314 *** (0. 018)	0. 107 *** (0. 006)	0. 445 *** (0. 025)	0. 279 *** (0. 016)
性别	0. 046 *** (0. 008)	0. 025 *** (0. 003)	0. 124 *** (0. 013)	0. 074 *** (0. 008)
受教育水平	0. 106 *** (0. 005)	0. 038 *** (0. 001)	0. 182 *** (0. 007)	0. 109 *** (0. 004)
婚姻	0. 364 *** (0. 010)	0. 043 *** (0. 003)	0. 228 *** (0. 017)	0. 133 *** (0. 010)
流动范围	− 0. 243 *** (0. 007)	0. 045 *** (0. 002)	0. 218 *** (0. 012)	0. 127 *** (0. 007)
流动时间	0. 046 *** (0. 0008)	0. 012 *** (0. 0002)	0. 056 *** (0. 001)	0. 034 *** (0. 001)
工作	0. 150 *** (0. 17)	0. 024 *** (0. 005)	0. 101 ** (0. 026)	0. 063 *** (0. 016)
劳动合同	− 0. 071 *** (0. 009)	0. 040 *** (0. 003)	0. 195 ** (0. 015)	0. 115 *** (0. 009)
上个月收入	0. 005 *** (0. 001)	− 0. 003 *** (0. 0004)	− 0. 015 *** (0. 002)	− 0. 008 *** (0. 001)
本地购房	1. 080 *** (0. 010)	0. 044 *** (0. 003)	0. 206 *** (0. 014)	0. 124 *** (0. 009)
健康档案	0. 150 *** (0. 008)	0. 020 *** (0. 003)	0. 102 *** (0. 012)	0. 062 *** (0. 007)
年龄	− 0. 005 *** (0. 004)	− 0. 002 *** (0. 001)	− 0. 009 *** (0. 012)	− 0. 005 *** (0. 0004)
常数项	− 0. 689 *** (0. 026)	0. 085 *** (0. 009)	− 1. 888 *** (0. 044)	− 1. 146 *** (0. 026)

注：括号内为 t 统计量的值；*** 、** 分别表示在 1%、5% 的水平上显著。

6.5 本章小结

本章利用 2016 年全国流动人口卫生计生动态监测调查数据，采用 OLS 和 Logit 模型，研究了缴纳住房公积金对流动人口、城—城流动人口、乡—城流动人口迁移意愿的影响。研究结果表明，缴纳住房公积金会促进全体流动人口、城—城流动人口与乡—城流动人口的迁移意愿，加入控制变量，结果是一致的。处理内生性问题，并采用其他稳健性检验方法，都验证了结论的稳健性。

进一步研究表明，对于流动人口，与其他年龄流动人口相比，"80 后"与"90 后"的迁移意愿更高；缴纳公积金对于没有在本地购房的流动人口的迁移意愿具有更强的正影响，对已在本地购房的流动人口的迁移意愿影响相对较小，但仍在 1% 的水平上显著；缴纳公积金对本次流入时间在 5 年及以上的流动人口的迁移意愿影响作用更大。对于城—城流动人口，与其他年龄的城—城流动人口相比，"80 后"与"90 后"的迁移意愿更高；缴纳公积金对于没有在本地购房的城—城流动人口的迁移意愿具有显著正的影响，对已在本地购房的城—城流动人口的迁移意愿影响不显著；缴纳公积金对本次流入时间在 5 年及以上的城—城流动人口的迁移意愿影响作用更大。对于乡—城流动人口，与其他年龄的乡—城流动人口相比，"80 后"与"90 后"的迁移意愿更低；缴纳公积金对于没有在本地购房的乡—城流动人口的迁移意愿具有显著正的影响，对已在本地购房的乡—城流动人口的迁移意愿影响也显著，但对没有本地住房的乡—城流动人口的影响作用更大；缴纳公积金对本次流入时间在 5 年及以上的乡—城流动人口的迁移意愿影响作用更大。

住房公积金作为我国的一项重要的住房保障制度，在降低个人住房成本，促进新型城镇化的建设方面具有重要意义。具体的政策建议如下所述。

（1）进一步扩大住房公积金的覆盖范围。目前城—城流动人口缴纳住房公积金的比率仍然较低，应出台相关政策，鼓励流动人口缴纳公积金，提高住房公积金的覆盖范围，从而降低流动人口的购房成本，在流入城市安居乐业，有效推进新型城镇化的发展。

（2）实施更灵活的住房公积金使用政策。研究表明，住房公积金对无房人群的迁移意愿影响大，对有房人群影响不显著。当前房价居高不下，投资房地产热度不减。住房公积金设立的初衷是降低居民买房成本，已有住房的人群仍在使用公积金投资房产，一定程度上推高了房价，使得刚需人群由于负担过重而买不起房，出现了所谓的"劫贫济富"现象。可以出台更灵活的公积金使用政策，以降低流动人口的购房成本，提高其迁移意愿。

（3）多措并举地解决流动人口的住房问题。缴纳住房公积金能够显著提升流动人口的迁移意愿，其根本原因在于住房公积金能够降低购房成本。从这个角度讲，应多措并举地发展廉租房、经济适用房等各类保障性住房，健全规范房屋租赁市场的各项制度，以多种形式解决流动人口"住"的问题。

| 第7章 |

城市电子公共服务对流动人口
迁移流动的影响

7.1 引　　言

新时代背景下，我国劳动力的供给小于需求，地区间人才争夺战就是在这样的不平衡背景下愈演愈烈。根据 2015 年人口普查数据，我国大专及以上教育程度的人口达到了 17093 万人，与 2010 年数据相比增长了 42.87%。随着高学历人才数量的提升，各级地方政府将高学历人才看作区域发展重要力量，并且制定了一系列政策吸引与留住高学历人才，掀起了愈演愈烈的"人才争夺"热潮（Gu，2021）。各地方政府也实施了一系列政策吸引人才，形成人口的竞争优势，同时智慧城市的建设需要高素质、高层次的人才，高学历人才是提升城市创新能力的核心驱动力，也是提升城市竞争力、保证城市高质量发展和经济高质量发展的重要推动力。

在"以信息化带动工业化，以工业化促进信息化，走新型工业化道路"的国家战略背景下，城市电子服务成为我国信息化工作的重要战略部署。在新冠疫情中，政府利用数字化技术，通过城市电子服务网及时传递信息，推动自上而下的政府协调与自下而上的公民参与，在短时间内有效控制住疫情并逐步恢复生产，推动形成更具风险抵抗力的弹性社会。加强智慧城市建设，推动公共服务的智慧化和智能化，势必会成为我国城市化建设的重要发展方向。那么城市电子公共服务对流动人口迁移意愿有什么影响呢？对高学历与一般学历人口的迁移意愿有什么差异呢？

7.1.1 城市公共服务与人口迁移流动文献综述

"抢人"大战更多针对的是高学历流动人口，部分研究聚焦于高学历流动人口，而关于"高学历"的定义存在差异。陆巍戎（2010）将高学历移民定义为学历在大学本科及以上的，且不是海外留学的人口（陆巍戎，2010）。肖昕茹（2014）也将大学本科及以上学历的人口定义为高学历人口。有的学者也给出了不同定义，如朱平翠（2012）将高学历人口定义为学历在专科及以上的人口。

自 21 世纪开始，高学历人才不断增加。根据 2015 年的人口抽样调查数据，我国教育水平在大专及以上的人口已经达到 17093 万人，与 2010 年相比，增加了 42.87%。但从我国人口空间分布来看，人才空间上的分布仍然不均衡，大城市对人才吸引挤压了中小城市的发展（Gu et al.，2020）。

人口可以自由流动，人才是人口自由流动的经济要素，人才迁移流动是一种理性决策（Greenwood，1975）。从微观经济视角进行分析，伊森韦恩

（Esenwein，1964）认为，劳动者都是经济理性的，他们进行迁移的主要动力是经济收益，当劳动者获得的工资收入高于迁移成本时，劳动者就大概率会进行迁移。托达罗（Todaro，1969）研究认为，劳动力进行迁移的动机是劳动者的预期收入，最终进行迁移的决策是预期收入与迁移成本进行博弈的结果。斯塔尔克等（Stark et al.，1991）的观点以新迁移经济理论为代表，其关注点是家庭，认为最大化家庭收入和最小化风险决策决定劳动力迁移与否。克鲁格曼（Krugman，1991）提出的"核心—边缘"模型，表明迁移规模报酬、消费者偏好与运输成本决定了劳动力在空间上的集聚。

学者们基于中国的实情，研究了人才在空间上的分布与驱动人才流动的影响因素。城市的经济规模、失业率、人均收入水平以及产业结构等衡量经济的因素对我国人口的分布起到关键的作用（聂晶鑫、刘合林，2018；武荣伟等，2020；Liu Y，Shen J F，2014；Yu Z L et al.，2019）。顾朝林等（1999）通过设计问卷等方法，认为工作机会、收入、生活条件都是影响我国人口迁移的因素。另外，学者开始研究地方品质等因素影响人才分布的作用，研究发现，教育与医疗等相关服务的完善以及治安的稳定在吸引人才上发挥了关键作用（缪根红等，2013；张建伟等，2011）。休闲娱乐、治安、饮食与购物条件促进了人才的流动，对人才的吸引具有显著的促进作用（周均旭等，2005）。随着我国交通基础设施不断完善，交通便捷性在人才分布中发挥的作用也引起了学者的关注（邓建清等，2001；徐茜等，2010；苏楚等，2019）。

在人口可以自由流动的情况下，城市公共服务水平是影响人口流动的关键因素（林李月等，2019）。韩峰等（2019）通过研究分析中国工业企业数据和城市面板数据，指出公共服务在提升城市人口规模的同时增强产业集聚，并指出民生类公共服务对城市人口增长有正影响；林李月等（2019）通过将城市基本公共服务进行分类，研究人口的迁移流动，指出医疗保险、失业保险和住房保障会显著促进人口流入大城市，健康档案和健康教育普及程度则促进人口流入小城市；何炜（2020）通过对受教育水平的异质性进行分类，研究公共服务质量对不同受教育水平人口迁移流动的影响，指出公共服务能力较高的城市更能吸引受教育水平较高的人口流入；童玉芬和刘晖（2018）通过"中心—外围"的空间经济学理论研究了高学历人口的空间集聚性，并指出高端医疗设备和优质的教育资源是吸引高学历人口空间集聚的重要因素。张海峰等（2019）利用中国劳动力动态调查数据与城市生态健康指数数据，指出教育水平高的流动人口对城市生态文明要求更高，意味着高质量的智慧城市环境更能吸引高学历人口流入。

目前，从城市电子公共服务视角研究高学历新生代人口迁移流动的文章较少。但有学者从教育公共服务（李尧，2020）、工业与社会公民资格公共服务（侯慧丽，2016）、城市公共服务质量（杨晓军，2017）等角度研究其对人口迁移流动的影响。在城市高质量发展的过程中，电子服务能力的发展对政府的管理和公共服务能力具有重要的提升作用，同时，借助智慧电子政务建设和发展过程中共享政务大数据，对不同属性的各类型人口的空间分布、迁移进行管理，针对公众需求增强公共服务质量的提升，促进人口迁移意愿（李军等，2019）。

7.1.2 城市公共服务与人口迁移流动文献述评

通过梳理学者们对流动人口的深入细化研究，发现影响人口迁移流动的因素很复杂，从相关的研究可以看出高学历人口在城市具有更强的迁移意愿，但对城市的教育、医疗、城市环境、文化服务、社会保障等公共服务能力提出了更高的要求。在信息时代"互联网＋"背景下，城市数字化建设对流动人口的居留意愿可能会产生新的影响机制，政务电子是城市数字化建设的重要保证，当前的文献研究中较少涉及城市电子服务能力对高学历人口迁移流动的影响机理。此外，多数研究在选择影响因素时并未考虑所选变量的有效性以及变量可能存在的估计偏差。因此，本章通过构建新生代高学历流动人口居留意愿的综合指标，结合信息时代城市电子服务能力指数，研究电子服务能力对新生代高学历人口迁移流动的影响，通过电子服务视角引导人口的合理流动。

7.2 数据描述与研究方法

7.2.1 变量选取

被解释变量：将调查问卷中"停留意愿""长期居住意愿""户籍迁入意愿"3个指标结果叠加起来，衡量大专及以上学历流动人口的城市迁移意愿。3个指标对应的问题分别是："在今后的一段时间内，你是否有继续留在本地的打算""如果您打算留在本地，您预计自己将在本地停留多久""如果您符合本地落户条件，您是否愿意把户口迁入本地"。流动人口往往先有居留打算，才有长期居住甚至定居及迁入户口的打算，真正实现行为上的永久居住，因此，这3项指标是同向指标。在实证分析过程中，将前两者选择"考虑停留"和"愿意迁入户籍"取值为1，否则为0，在长期居留意愿中，"停留6~10年"为1，"停留10年以上及定居"为2，其他为0。将这3个指标等权加总，用来测量城市流动人口城市居留意愿程度的强弱，城市居留意愿被表达成取值范围为（0，1，2，3，4）的序次变量，其中，0表示"无迁移意愿"，1表示"低迁移意愿"，2表示"中迁移意愿"，3表示"中高迁移意愿"，4表示"高迁移意愿"。

核心解释变量：电子服务能力。本章根据2017年《政府电子服务能力指数报告》，从网站、微博、微信、App四个渠道，通过服务提供能力、参与服务能力、信息服务能力、事务服务能力等维度衡量地级市电子公共服务的发展水平。同时利用"双微"指数衡量地级市"双微"电子公共服务水平。构建的城市电子公共服务水平是本章的核心解释变量。

其他解释变量。将可能会影响流动人口迁移意愿的因素分为五类。表 7.1 中给出了具体的变量及基本描述。

表 7.1   变量选取与基本描述

变量	含义	分类	均值	标准差	最小值	最大值
y	迁移意愿		2.033	1.424	0	4
电子服务能力	该值越大该城市电子公共服务能力越强	城市服务	0.472	0.152	0.077	0.742
$familynum$	家庭同住成员数		3.139	1.198	1	10
$gender$	性别，女 =0，男 =1		0.515	0.500	0	1
age	年龄		36.428	10.939	15	96
$education$	从 1 到 7 表示受教育水平增加	个人特征	3.480	1.162	1	7
$hukou$	户口性质，农业 =0，非农业 =1		0.226	0.418	0	1
$party$	党员与团员 =1，其他 =0		0.109	0.312	0	1
$marriage$	婚姻状况，已婚 =1，其他 =0		0.811	0.391	0	1
job	主要职业，取值为 0~3		1.519	0.935	0	3
$\ln(income)$	每月总收入的对数	收支信息	8.024	0.646	0	11.695
$\ln(houseexp)$	每月住房支出的对数		4.83	3.050	0	11.290
$house$	自购住房或自建房 =1，其他 =0		0.273	0.445	0	1
$totalcity$	总共流动城市		1.991	1.876	1	92
$Q306$	父亲或母亲有流动经历 =1，其他 =0		0.160	0.367	0	1
$Q309$	跟本地户籍人交流多 =1，其他 =0		0.355	0.478	0	1
$duziliudong$	独立流动 =1，其他 =0	流动状况	0.433	0.496	0	1
$migrant$	跨省流动 =1，省内流动 =0		0.491	0.500	0	1
$timeyear$	本次流动的时间		6.159	5.941	0	69
$migrantr$	因为工作流动 =1，其他 =0		0.616	0.486	0	1

变量	含义	分类	均值	标准差	最小值	最大值
health	健康水平，该值越大健康状况越好	健康状况	3.804	0.458	1	4
Q403	建立居民健康档案 = 1，否则 = 0		0.259	0.438	0	1
healthnow	最近一年本人患病或身体不适的情况 = 1，其他 = 0		0.489	0.500	0	1
Q501A	2016 年以来在本地参加过工会的活动 = 1，其他 = 0		0.083	0.275	0	1
Q501B	2016 年以来在本地参加过志愿者协会活动 = 1，其他 = 0		0.070	0.255	0	1
Q501C	2016 年以来在本地参加过同学会的活动 = 1，其他 = 0		0.240	0.427	0	1
Q501D	2016 年以来在本地参加过老乡会的活动 = 1，其他 = 0		0.224	0.417	0	1
Q501E	2016 年以来在本地参加过家乡商会的活动 = 1，其他 = 0		0.034	0.182	0	1
Q501F	2016 年以来在本地参加过上述活动之外的其他活动 = 1，其他 = 0	社会融合	0.073	0.259	0	1
Q503B	越关注现居住城市变化该值越大		2.347	0.602	0	3
Q503C	值越大表明越愿意融入本地人的生活中		2.325	0.632	0	3
Q504A1	参加农村合作医疗保险 = 1，其他 = 0		0.634	0.482	0	1
Q504B1	参加城乡合作医疗保险 = 1，其他 = 0		0.048	0.214	0	1
Q504C1	参加城镇居民医疗保险 = 1，其他 = 0		0.061	0.239	0	1
Q504D1	参加城镇职工医疗保险 = 1，其他 = 0		0.229	0.420	0	1
Q504E1	参加公费医疗 = 1，其他 = 0		0.020	0.139	0	1
Q505	办理个人社会保障卡 = 1，其他 = 0		0.512	0.500	0	1
Q506	办理暂住证/居住证 = 1，其他 = 0		0.647	0.478	0	1

7.2.2　变量描述

选用 2017 年国家卫计委调研的流动人口动态监测数据，在 16.9 万份调研问卷中，女性占 48.3%，男性占 51.7%，与我国当前男女比例基本一致；平均年龄为 39.6 岁，受教育程度以初高中为主，与九年义务教育相符。本章在研究流动人口的迁移意愿时，分别选取匹配城市电子政务后的全部流动人口、受教育程度为大专及以上的"80 后"与"90 后"流动人口、受教育程度在高中及以下的"80 后"与"90 后"的流动人口作为本章的研究对象，具体的描述如表 7.1、表 7.2 和表 7.3 所示。

表 7.2　　新生代高学历流动人口变量选取与基本描述

变量	含义	分类	均值	标准差	最小值	最大值
y	迁移意愿		2.572	1.413	0	4
电子服务能力	该值越大该城市电子公共服务能力越强	城市服务	0.498	0.149	0.077	0.742
$familynum$	家庭同住成员数		2.700	1.183	1	10
$gender$	性别，女 =0，男 =1		0.460	0.498	0	1
age	年龄		28.970	4.146	18	37
$education$	从 5 到 7 表示受教育水平增加	个人特征	5.437	0.555	5	7
$hukou$	户口性质，农业 =0，非农业 =1		0.466	0.499	0	1
$party$	党员与团员 =1，其他 =0		0.328	0.469	0	1
$marriage$	婚姻状况，已婚 =1，其他 =0		0.686	0.464	0	1
job	主要职业，取值为 0~4		1.232	1.305	0	4
$\ln(income)$	每月总收入的对数	收支信息	8.255	0.677	4.605	11.513
$\ln(houseexp)$	每月住房支出的对数		5.217	3.303	0	10.309
$house$	自购住房或自建房 =1，其他 =0		0.401	0.490	0	1

续表

变量	含义	分类	均值	标准差	最小值	最大值
totalcity	总共流动城市	流动状况	1.834	1.233	1	40
Q306	父亲或母亲有流动经历=1，其他=0		0.216	0.411	0	1
Q309	跟本地户籍人交流多=1，其他=0		0.5497	0.500	0	1
duziliudong	独立流动=1，其他=0		0.713	0.452	0	1
migrant	跨省流动=1，省内流动=0		0.439	0.496	0	1
timeyear	本次流动的时间		4.504	4.210	0	35
migrantr	因为工作流动=1，其他=0		0.750	0.433	0	1
health	健康水平，该值越大健康越好	健康状况	3.902	0.306	1	4
Q403	建立居民健康档案=1，否则=0		0.281	0.449	0	1
healthnow	最近一年本人患病或身体不适的情况=1，其他=0		0.521	0.500	0	1
Q501A	2016年以来在本地参加过工会的活动=1，其他=0	社会融合	0.193	0.394	0	1
Q501B	2016年以来在本地参加过志愿者协会活动=1，其他=0		0.143	0.350	0	1
Q501C	2016年以来在本地参加过同学会的活动=1，其他=0		0.430	0.495	0	1
Q501D	2016年以来在本地参加过老乡会的活动=1，其他=0		0.213	0.410	0	1
Q501E	2016年以来在本地参加过家乡商会的活动=1，其他=0		0.038	0.191	0	1
Q501F	2016年以来在本地参加过上述活动之外的其他活动=1，其他=0		0.099	0.298	0	1
Q503B	越关注现居住城市变化该值越大		2.433	0.573	0	3
Q503C	值越大越愿意融入本地人的生活中		2.444	0.581	0	3
Q504A1	参加农村合作医疗保险=1，其他=0		0.000	0.007	0	1
Q504B1	参加城乡合作医疗保险=1，其他=0		0.045	0.207	0	1
Q504C1	参加城镇居民医疗保险=1，其他=0		0.080	0.271	0	1
Q504D1	参加城镇职工医疗保险=1，其他=0		0.547	0.498	0	1
Q504E1	参加公费医疗=1，其他=0		0.047	0.212	0	1
Q505	办理个人社会保障卡=1，其他=0		0.719	0.450	0	1
Q506	办理暂住证/居住证=1，其他=0		0.620	0.486	0	1

表 7.3　　　　　新生代高中及以下学历变量选取与基本描述

变量	含义	分类	均值	标准差	最小值	最大值
y	迁移意愿		1.876	1.369	0	4
电子服务能力	该值越大该城市电子公共服务能力越强	城市服务	0.466	0.152	0.077	0.742
$familynum$	家庭同住成员数	个人特征	3.117	1.240	1	10
$gender$	性别，女 =0，男 =1		0.480	0.500	0	1
age	年龄		29.160	4.978	18	37
$education$	从 1 到 4 表示受教育水平增加		3.267	0.628	1	4
$hukou$	户口性质，农业 =0，非农业 =1		0.141	0.348	0	1
$party$	党员与团员 =1，其他 =0		0.084	0.277	0	1
$marriage$	婚姻状况，已婚 =1，其他 =0		0.753	0.431	0	1
job	主要职业，取值为 0~4	收支信息	1.750	1.196	0	4
$\ln(income)$	每月总收入的对数		7.983	0.610	0	11.156
$\ln(houseexp)$	每月住房支出的对数		4.965	2.879	0	10.820
$house$	自购住房或自建房 =1，其他 =0		0.203	0.402	0	1
$totalcity$	总共流动城市	流动状况	2.033	1.662	1	60
$Q306$	父亲或母亲有流动经历 =1，其他 =0		0.245	0.430	0	1
$Q309$	跟本地户籍人交流多 =1，其他 =0		0.315	0.465	0	1
$duziliudong$	独立流动 =1，其他 =0		0.427	0.495	0	1
$migrant$	跨省流动 =1，省内流动 =0		0.496	0.500	0	1
$timeyear$	本次流动的时间		4.728	4.490		37
$migrantr$	因为工作流动 =1，其他 =0		0.622	0.485	0	1
$health$	健康水平，该值越大健康状况越好	健康状况	3.881	0.344	1	4
$Q403$	建立居民健康档案 =1，否则 =0		0.249	0.433	0	1
$healthnow$	最近一年本人患病或身体不适的情况 =1，其他 =0		0.494	0.500	0	1

变量	含义	分类	均值	标准差	最小值	最大值
Q501A	2016 年以来在本地参加过工会的活动 =1，其他 =0		0.059	0.236	0	1
Q501B	2016 年以来在本地参加过志愿者协会活动 =1，其他 =0		0.053	0.223	0	1
Q501C	2016 年以来在本地参加过同学会的活动 =1，其他 =0		0.250	0.433	0	1
Q501D	2016 年以来在本地参加过老乡会的活动 =1，其他 =0		0.244	0.429	0	1
Q501E	2016 年以来在本地参加过家乡商会的活动 =1，其他 =0		0.031	0.173	0	1
Q501F	2016 年以来在本地参加过上述活动之外的其他活动 =1，其他 =0	社会融合	0.075	0.263	0	1
Q503B	越关注现居住城市变化该值越大		2.298	0.598	0	3
Q503C	值越大越愿意融入本地人的生活		2.269	0.632	0	3
Q504A1	参加农村合作医疗保险 =1，其他 =0		0.724	0.447	0	1
Q504B1	参加城乡合作医疗保险 =1，其他 =0		0.043	0.203	0	1
Q504C1	参加城镇居民医疗保险 =1，其他 =0		0.044	0.205	0	1
Q504D1	参加城镇职工医疗保险 =1，其他 =0		0.162	0.369	0	1
Q504E1	参加公费医疗 =1，其他 =0		0.099	0.099	0	1
Q505	办理个人社会保障卡 =1，其他 =0		0.446	0.497	0	1
Q506	办理暂住证/居住证 =1，其他 =0		0.648	0.477	0	1

　　表 7.1 给出了匹配后的 148229 个流动人口的数据，从中可以得到，流动人口的迁移意愿在中等左右，家庭同住成员数在 3 个左右，性别上女性占比偏高一点，年龄在 36 岁左右，非农业户籍的人口占比 22.6%，党员或团员的占比约为 11%，已婚人口占比为 81.1%，拥有住房的比例为 27.3%，总的流动城市平均在 1~2 个，流动时间在 6 年左右，因为工作流动的占比高达 61.6%，年轻人相对身体状况更好，建立健康档案的人口占比不足 30%，但

参加老乡会、家乡商会、志愿者协会等各种活动、参加城镇职工医疗保险的人口占比不高，但他们更关注城市的发展，愿意融入本地生活，参加农村合作医疗保险的人口较多，办理社保卡、暂住证的人口相对较多。这符合现实，具有代表性。

通过表 7.2 对应的新生代高学历流动人口的描述性分析，迁移意愿与总体的流动人口相比较高。家庭同住成员数不足 3 个，这也主要由于"80 后"与"90 后"比较年轻，还有部分没有结婚；性别上女性占比偏高一点，这也表明年轻女性的受教育水平在提高；平均年龄在 29 岁左右，非农业户籍的人口占比为 46.6%，党员或团员的占比约为 33%，已婚人口占比为 68.6%，拥有住房的比例还不高，总的流动城市平均在 1~2 个，流动时间为 4~5 年，因为工作流动的占比高达 75%；年轻人相对身体状况更好，建立健康档案的人口占比不足 30%；参加老乡会、家乡商会、志愿者协会等各种活动的人口占比不高，他们更关注城市的发展，愿意融入本地生活，参加城镇职工保险的人口较多，办理社保卡、暂住证的人口相对较多。这符合现实，数据反映了新生代高学历人口的特征，具有代表性。

选取"80 后"与"90 后"且学历在高中及以下的流动人口作为研究样本，共 64395 个样本，变量选取与基本描述如表 7.3 所示。对于新生代中低学历流动人口，他们的迁移意愿比新生代高学历流动人口要低，家庭同住成员数平均超过 3 个，性别上女性占比偏高一点，年龄超过 29 岁，农业户口的人口占比超过 85%，党员或团员的占比约为 8.4%，已婚人口占比为 75.3%，拥有住房的比例还不高，总的流动城市超过 2 个，流动时间在 4~5 年，因为工作流动的占比高达 62.2%，年轻人相对身体状况更好，建立健康档案的人占比不足 25%，参加老乡会、家乡商会、志愿者协会等各种活动的人口占比不高，比高学历流动人口更低，但他们更关注城市的发展，愿意融入本地生活，参加农村合作医疗的人口较多，办理社保卡的人口不足一半，办理暂住证的人口相对较多。这一定程度上反映较低学历的流动人口可能更没有归属感，更大可能会返回老家。

7.2.3 模型选择

假定流动人口迁移的效用取决于个体与城市的条件特征。具体的效用函数为：

$$U_{ij} = \beta city_{ij} + \theta X_{ij} + \varepsilon_{ij}(j=1,\ 2,\ \cdots,\ N;\ i=1,\ 2,\ \cdots,\ M) \quad (7-1)$$

其中，$city_{ij}$表示流动个体i的流入城市j的电子公共服务能力。X_{ij}表示其他控制变量。ε_{ij}是没有观测到的影响因素。流动人口在城市j选择居留或者长期定居满足以下条件：

$$choice_{ij} = \begin{cases} 1, & \forall k \neq j \quad E[U_{ij}] > E[U_{ik}] \\ 0, & \exists k \neq j \quad E[U_{ij}] \leqslant E[U_{ik}] \end{cases} \quad (7-2)$$

当$E[U_{ij}] > E[U_{ik}]$时，个体在流入城市j的效用大于城市k，则个体选择居留，即$choice_{ij}=1$；反之$choice_{ij}$为0。采用高、中高、中等、低、无迁移意愿衡量流动人口迁移意愿，具体通过0~4来衡量。因此，流动人口选择在流入城市迁移的概率为：

$$p_w = p(y \leqslant w \mid X,\ city) = \frac{\exp(\beta' city_i + \theta' X_i)}{1 + \exp(\beta' city_i + \theta' X_i)} \quad (7-3)$$

由于选取的数据之间可能存在多重共线性，通过 LASSO 方式进行处理，具体见第5.2.2节。

7.3 城市公共服务对流动人口居留的实证研究

7.3.1 基准回归

通过 LASSO 方法筛选变量，最后剔除了是否是党员或者团员、2016 年以来在本地参加过工会的活动、2016 年以来在本地参加过家乡商会的活动、参加城镇居民医疗保险、参加公费医疗、办理个人社会保障卡等变量。经过筛选后保留了剩下的 32 个变量进行实证分析。

利用序次 Logit 模型研究城市电子公共服务能力对流动人口迁移意愿的影响，表 7.4 给出了具体的回归结果。模型 1 中只考虑了城市电子公共服务能力对流动人口迁移意愿的影响，模型 2 在模型 1 的基础上加入了流动人口的个体特征，模型 3 在模型 2 的基础上加入了收支水平，模型 4 在模型 3 的基础上加入了流动特征，模型 5 在模型 4 的基础上加入了健康状况，模型 6 在模型 5 的基础上加入了社会融合相关变量，结果都显示，城市电子公共服务促进了我国流动人口的迁移意愿，即，我国城市电子公共服务能力水平越高，流动人口越可能在该城市迁移定居。

表 7.4　　　　　　　　　　　基准回归结果

变量	模型 1	模型 2	模型 3	模型 4	模型 5	模型 6
gov	0.492 ***	0.223 ***	0.439 ***	0.492 ***	0.473 ***	0.405 ***
$familynum$		0.085 ***	− 0.004	− 0.018 ***	− 0.021 **	− 0.008
$gender$		− 0.127 ***	− 0.066 ***	− 0.102 ***	− 0.100 ***	− 0.092 ***
age		0.011 ***	0.007 ***	0.003 ***	0.004 ***	− 0.0004
$education$		0.346 ***	0.223 ***	0.206 ***	0.202 ***	0.124 ***
$hukou$		0.518 ***	0.377 ***	0.370 ***	0.365 ***	0.254 ***
$marriage$		0.453 ***	0.254 ***	0.338 ***	0.324 ***	0.323 ***
$\ln(income)$			0.333 ***	0.314 ***	0.312 ***	0.275 ***
job			0.017 ***	0.037 ***	0.041 ***	0.062 ***
$\ln(house)$			0.016 ***	0.020 ***	0.020 ***	0.015 ***
$house$			1.136 ***	0.991 ***	0.990 ***	0.884 ***
$totalcity$				− 0.016 ***	− 0.017 ***	− 0.009 ***
$Q306$				0.073 ***	0.070 ***	0.077 **

续表

变量	模型1	模型2	模型3	模型4	模型5	模型6
Q309				0. 310 ***	0. 305 ***	0. 230 ***
duziliudong				0. 052 ***	0. 056 ***	0. 039 ***
migrant				− 0. 032 ***	− 0. 022 **	− 0. 015 *
fuqiliudong				− 0. 198 ***	− 0. 193 ***	− 0. 196 ***
timeyear				0. 042 ***	0. 042 ***	0. 034 ***
migrantr				0. 067 ***	0. 068 ***	0. 024 **
health					0. 094 ***	0. 047 ***
healthnow					0. 083 ***	0. 067 **
Q403					0. 150 ***	0. 027 ***
Q501B						0. 140 ***
Q501C						0. 105 ***
Q501D						0. 015
Q501F						− 0. 060 **
Q503B						0. 161 ***
Q503C						0. 780 ***
Q504A1						− 0. 167 **
Q504B1						− 0. 252 ***
Q504D1						0. 249 ***
Q506						0. 231 ***

注：***、**、*分别表示在1%、5%、10%的水平上显著。

　　对其他的控制变量通过模型6给出了最后的解释，相比于在事业单位工作的流动人口，从事其他工作性质的流动人口迁移意愿更高，这可能使工作不稳定的人就业更加困难，更想向城市迁移，这也值得今后进一步研究。已经建立了健康档案的人、自认为身体健康状况比较好的流动人口的迁移意愿较强，而最近一年身体出现不适的人更可能迁移，这或许与该城市的医疗、社会保障等有关。父母至少有一方有过流动经历的人口、因为工作流动（参照组是家属随迁、婚姻嫁娶、拆迁搬家等）的人口、跨省流动的人口迁移意愿相对较低，与户口迁到本地的同乡或者其他本地人来往较多、独自流动与本次流动时间越长越可能促进流动人口的迁移；流动城市越多的人口的迁移意愿越低。参加过志愿者活动、同学会、关注城市的变化、愿意融入本地生活、购买城镇居民医疗保险、城镇职工医疗保险、办理了居住证或暂住证的流动人口更愿意选择在流动城市居留；参加农村合作医疗、城乡居民合作医疗的流动人口的迁移意愿更低。这也与前面的研究一致。

7.3.2 稳健性分析

为了验证回归结果的稳健性，本章通过三种方式进行验证：一是利用不同的模型进行回归；二是利用工具变量法；三是利用截取数据的方式进行验证。具体如下所述。

（1）序次 Probit、泊松回归方法。表7.5 中的模型7～模型9 分别给出了序次 Probit、泊松回归、OLS 回归的结果。不同模型的回归结果均表明城市电子公共服务水平促进了流动人口的迁移意愿。其他的解释变量也得到了与序次 Logit 模型相似的结论，说明利用序次 Logit 模型得到的结果是稳健的。

表7.5 　　　　　　　　　　　　稳健性分析

变量	模型7	模型8	模型9
gov	0.230 ***	0.088 ***	0.227 ***
控制变量	控制	控制	控制
固定效应	控制	控制	控制

注：*** 表示在1%的水平上显著。

（2）工具变量法。考虑到电子公共服务与流动人口迁移意愿间可能存在相关性，本章通过选择工具变量来进行稳健性检验，通过选择"双微"电子服务能力衡量城市电子公共服务水平，得到了相似的结论。

（3）截取数据的回归。考虑到数据可能较大的差异性，通过剔除样本前1%与最后1%的数据来验证结论的稳健性。同样得到了城市电子公共服务促进流动人口居留意愿的结论。

7.3.3　异质性分析

本小节基于流动人口对城市电子公共服务水平的偏好相同的假设，从个体差异角度对流动人口分组进行研究，利用有序 Logit 回归模型考察城市电子公共服务能力对流动人口迁移选择的异质性影响结果。

（1）性别、婚姻与户籍。

表 7.6 给出了城市电子公共服务水平对不同性别、不同婚姻状态与不同户籍地的流动人口迁移选择的结果。模型 10 与模型 11 分性别研究了城市电子公共服务对流动人口迁移的影响。根据回归结果得到，城市电子公共服务能力提升对男性与女性的迁移流动都有显著的促进作用，同时电子服务水平提升对新生代高学历男性流动人口迁移流动的影响更大。具体而言，电子服务水平每提升 1 个单位，男性流动人口的迁移意愿增加 0.414 个单位，女性新生代流动人口增加 0.380 个单位。模型 12 与模型 13 考察了城市电子公共服务对不同婚姻状态的流动人口迁移流动的影响，结果显示，城市电子服务能力对已婚流动人口的迁移流动有显著影响，电子服务水平每提升 1 个单位，已婚流动人口的迁移意愿增加 0.579 个单位，但对未婚流动人口的影响作用是负的，可能是单身流动人口由于搬迁成本较低，短期内对城市电子服务水平的敏感性较低。模型 14 与模型 15 考察了城市电子服务水平对非农业户口与农业户口流动人口居留意愿的影响，结果表明，城市电子服务水平对农业与非农业户口新生代高学历流动人口迁移意愿的影响显著为正，但是对非农

业户口新生代高学历流动人口的影响作用更大，电子服务水平每提升 1 个单位，非农业户口新生代高学历流动人口的迁移意愿增加 0.956 个单位，农业户口高学历新生代流动人口的迁移意愿增加 0.244 个单位。从结果来看，城市若想要吸引更多的人口，应该提升城市电子服务水平，同时提高城市的城镇化水平，促进人口城市化。随着更多的人在城市落户，电子服务就能发挥更大的作用，留住更多的新生代高学历流动人口。

表 7.6 异质性检验——性别、婚姻与户籍

变量	模型 10 （男）	模型 11 （女）	模型 12 （已婚）	模型 13 （未婚）	模型 14 （农业）	模型 15 （非农业）
gov	0.414 ***	0.380 ***	0.579 ***	-0.172 **	0.244 ***	0.956 ***
familynum	-0.001	-0.008	-0.020 ***	0.022 **	-0.003	-0.030 **
gender			-0.098 ***	-0.19	-0.081 ***	-0.122 ***
age	0.002 ***	-0.0005	-0.004 ***	0.015 ***	-0.0002	0.0006
education	0.102 ***	0.139 *	0.144 ***	0.048 ***	0.109 ***	0.140 ***
hukou	0.248 ***	0.262 ***	0.263 ***	0.182 ***		
marriage	0.221 ***	0.414 ***			0.310 ***	0.391 ***
ln(*income*)	0.258 ***	0.295 ***	0.271 ****	0.237 ***	0.250 ***	0.328 ***
job	0.029 ***	0.074 ***	0.072 ***	-0.025 *	0.065 ***	0.048 ***
ln(*houseexp*)	0.021 ***	0.010 ***	0.012 ***	0.016 ***	0.016 ***	0.012 ***
house	0.835 ***	0.922 ***	0.869 ***	0.816 ***	0.896 ***	0.830 ***
totalcity	-0.007 **	-0.010	-0.013 ***	0.012 *	-0.007 **	-0.020 ***
Q306	0.103 ***	0.055	0.091 ***	0.056 ***	0.083 ***	0.074 **
Q309	0.204 ***	0.257 ***	0.228 ***	0.217 ***	0.231 ***	0.219 ***
duziliudong	0.040 ***	0.048 **	0.046 ***	0.030	0.035 **	0.049 ***
migrant	-0.011	-0.021	-0.017 ***	0.005	-0.061 ***	0.123 ***
fuqiliudong	-0.078 ***	-0.292 ***	-0.175 ***	0.130	-0.212 ***	-0.141 ***
timeyear	0.083 *	0.036 ***	0.033 ***	0.041 ***	0.035 **	0.029 ***

变量	模型10（男）	模型11（女）	模型12（已婚）	模型13（未婚）	模型14（农业）	模型15（非农业）
migrantr	0.033***	0.008	0.041***	−0.052*	0.043***	−0.050**
health	0.066***	0.024	0.041***	0.083***	0.058***	0.016
healthnow	0.073***	0.062***	0.053***	0.142***	0.080***	0.023
Q403	−0.005***	0.053***	0.026**	0.013	0.033**	0.036
Q501B	0.167***	0.118***	0.160***	0.137***	0.134***	0.146***
Q501C	0.105***	0.111***	0.115	0.098***	0.099***	0.129***
Q501D	0.029*	0.004	0.014	0.018	0.016	0.024
Q501F	−0.029	−0.092***	−0.058***	−0.051	−0.071***	−0.023
Q503B	0.157***	0.168***	0.143***	0.235***	0.174***	0.115***
Q503C	0.786***	0.769***	0.785***	0.763***	0.774***	0.815***
Q504A1	−0.180***	−0.156***	−0.201***	−0.069**	−0.170***	−0.153***
Q504B1	−0.247***	−0.263***	−0.278***	−0.157***	−0.191***	0.296***
Q504D1	0.254***	0.248***	0.232***	0.288	0.268***	0.182***
Q506	0.234***	0.231***	0.222***	0.241***	0.204***	0.319***

注：***、**、*分别表示在1%、5%、10%的水平上显著。

（2）工作性质与流动原因。

如表7.7所示，模型16～模型19考察了城市电子服务水平对不同工作的流动人口迁移意愿的影响，其中模型16对应白领人员，包括国家机关、企事业单位工作人员、公务员、专业技术人员等。模型17对应的是商业与服务业人员，包括经商、餐饮、家政、保安、快递、装修等商业与服务人员。模型18对应的是生产、运输等工作。模型19对应的是除了以上工作外的其他工作人员。结果表明，电子服务水平对国家机关、企事业工作人员、公务员、专业技术人员等，以及商业与服务业人员等新生代高学历流动人口迁移流动的影响显著为正，但是对从事其他工作的新生代高学历流动人口的迁移意愿的影响作用不显著。电子服务水平每提升 1 个单位，从事国家机关、企事业单位、公务员、专业技术等工作的新生代高学历流动人口的迁移意愿增加 0.619 个单位，从事商业与服务业的新生代高学历流动人口迁移意愿增加 0.612 个单位。从结果来看，从事国家机关、企事业单位、公务员、专业技术等工作的流动人口，以及从事经商、餐饮、家政、保安、快递、装修等商业与服务业的新生代高学历流动人口的迁移意愿较强，从事国家机关、企事业单位、公务员、专业技术等工作的新生代高学历流动人口工作相对稳定，这一批人对城市电子服务水平的变化也更敏感，他们也是城市更想吸引的人口，因此电子服务水平发挥重要作用。

表 7.7　　　　　　　　　异质性检验——工作性质与流动原因

变量	模型 16 (job = 0)	模型 17 (job = 1)	模型 18 (job = 2)	模型 19 (job = 3)	模型 20 (因工作流动)	模型 21 (其他原因)
gov	0.619 ***	0.612 ***	0.017	0.106	0.245 ***	0.642 ***
familynum	− 0.004	0.001	0.005	− 0.005	0.006	− 0.035 ***
gender	− 0.171 ***	− 0.064 ***	0.064 **	− 0.110 ***	− 0.069 ***	− 0.081 ***
age	− 0.004 *	− 0.002 ***	− 0.0002	0.001	− 0.0005	− 0.002 **
education	0.105 ***	0.106 ***	0.144 ***	0.102 ***	0.141 ***	0.079 ***
hukou	0.254 ***	0.276 ***	0.162 ***	0.199 ***	0.212 ***	0.270 ***
marriage	0.471 ***	0.344 ***	0.203 **	0.407 ***	0.319 ***	0.222 ***
ln(income)	0.351 ***	0.315 ***	0.273 ****	0.159 ***	0.310 ***	0.218 ***
job					0.0005	0.129 ***
ln(house)	0.030 ***	0.009 ***	0.035 **	− 0.009 **	0.030 ***	− 0.021 ***
house	0.840 ***	0.733 ***	1.111 ***	0.824 ***	0.932 ***	0.689 ***
totalcity	− 0.016 *	− 0.003	− 0.005	− 0.008	− 0.006 *	− 0.008 *
Q306	0.042	0.087 ***	0.034	0.054 *	0.090 ***	0.033
Q309	0.249 ***	0.205 ***	0.262 ***	0.189 ***	0.253 ***	0.183 ***
duziliudong	0.048	0.015	− 0.026 ***	0.091 ***	0.021	0.098 ***

续表

变量	模型 16 ($job = 0$)	模型 17 ($job = 1$)	模型 18 ($job = 2$)	模型 19 ($job = 3$)	模型 20 （因工作流动）	模型 21 （其他原因）
migrant	0.116 ***	− 0.024 *	− 0.064 **	0.056 **	0.021	− 0.048 ***
fuqiliudong	− 0.112 *	− 0.221 ***	− 0.132 ***	− 0.230 ***	− 0.131 ***	− 0.239 ***
timeyear	0.039 ***	0.032 ***	0.033 ***	0.035 ***	0.041	0.025 ***
migrantr	− 0.072	0.144 ***	− 0.249 ***	− 0.028 ***		
health	0.119 **	0.123 ***	0.151 ***	0.003	0.079 ***	0.041 **
healthnow	− 0.002	0.066 ***	0.081 ***	0.096 ***	0.068 ***	0.063 ***
Q403	0.0005	0.019	0.030	0.073 ***	0.034 **	0.022
Q501B	0.048	0.188 ***	0.192 **	0.047	0.148 **	0.129 ***
Q501C	0.105 ***	0.103 ***	0.099 ***	0.116 ***	0.105 ***	0.106 ***
Q501D	0.057	0.036 **	0.037	− 0.024	− 0.008	0.075 ***
Q501F	− 0.058	− 0.038	− 0.114 ***	− 0.037	− 0.047 **	− 0.062 **
Q503B	0.095 ***	0.152 ***	0.203 ***	0.157 ***	0.171 ***	0.144 ***
Q503C	0.838 ***	0.761 ***	0.768 ***	0.764 **	0.781 ***	0.770 ***
Q504A1	− 0.137 ***	− 0.155 ***	− 0.106 ***	− 0.198 ***	− 0.144 ***	− 0.194 ***
Q504B1	− 0.192 **	− 0.294 ***	− 0.124 *	− 0.183 ***	− 0.228 ***	− 0.258 ***
Q504D1	0.125 ***	0.399 ***	0.275 ***	0.198 ***	0.196 ***	0.421 ***
Q506	0.394 ***	0.238 ***	0.251 ***	0.170 ***	0.230 ***	0.231 ***

注：*** 、 ** 、 * 分别表示在 1%、5%、10% 的水平上显著。

模型 20 与模型 21 研究了城市电子公共服务对不同原因流动的新生代高学历流动人口迁移流动的影响。根据回归结果可知，城市电子服务能力提升对因为工作流动、家属随迁、婚姻嫁娶、拆迁搬家等原因流动的新生代高学历流动人口的迁移意愿有显著的促进作用，同时电子服务水平提升对家属随迁、婚姻嫁娶、拆迁搬家等原因流动的新生代高学历流动人口迁移意愿的影响更大。具体而言，电子服务水平每提升 1 个单位，因家属随迁、婚姻嫁娶、拆迁搬家等原因流动的新生代高学历流动人口迁移意愿增加 0.642 个单位，因为工作流动的新生代高学历流动人口增加 0.245 个单位。这主要是由于家属随迁、婚姻嫁娶、拆迁搬家等原因流动的人口更希望在城市居留，对城市电子公共服务的需求也就更高，城市电子公共服务水平的提升更能吸引因为家属随迁、婚姻嫁娶、拆迁搬家等原因流动的新生代高学历流动人口。

7.4 城市公共服务对高学历流动人口居留的实证研究

7.4.1 基准回归

通过 LASSO 方法，剔除了个体特征中是否是党员或者团员、2016 年以来在本地参加过家乡商会的活动、参加新型农村合作医疗保险、参加公费医疗等变量。经过筛选后保留了剩下的 32 个变量进行实证分析。

利用序次 Logit 模型研究城市电子公共服务能力对新生代高学历流动人口迁移流动的影响，表 7.8 给出了具体的回归结果。模型 1 中只考虑了城市电子公共服务能力对新生代高学历流动人口迁移流动的影响，模型 2 在模型 1 的基础上加入了流动人口的个体特征，模型 3 在模型 2 的基础上加入了收支水平，模型 4 在模型 3 的基础上加入了流动特征，模型 5 在模型 4 的基础上加入了健康状况，模型 6 在模型 5 的基础上加入了社会融合相关变量，结果都显示，城市电子公共服务促进了新生代高学历流动人口的迁移意愿，即，城市电子公共服务能力水平越高，新生代高学历流动人口越可能在该城市迁移流动。

表7.8 基准回归结果

变量	模型1	模型2	模型3	模型4	模型5	模型6
gov	1.269***	1.001***	0.897***	0.781***	0.773***	0.628***
familynum		0.115***	-0.006	-0.028**	-0.027**	-0.020
gender		-0.274***	-0.241***	-0.244***	-0.242***	-0.218***
age		0.043***	0.033***	0.018***	0.019***	0.014***
education		0.227***	0.115***	0.101***	0.100***	0.068***
hukou		0.492***	0.399***	0.376***	0.375***	0.328***
marriage		0.717***	0.406***	0.515***	0.515****	0.500***
ln(*income*)			0.412***	0.378***	0.378***	0.332***
job			-0.014	0.004	0.007	0.034***
ln(*house*)			0.014***	0.019***	0.020***	0.016***
house			0.919***	0.835***	0.835***	0.786***
totalcity				-0.038***	-0.037***	-0.030***
Q306				0.089***	0.088***	0.067**
Q309				0.281***	0.277***	0.196***
duziliudong				0.180***	0.178***	0.165***
migrant				0.116***	0.111***	0.108***
timeyear				0.055***	0.055***	0.043***
migrantr				0.157***	0.154***	0.055**
health					0.286***	0.169***
healthnow					0.069***	0.046**
Q501A						-0.079**
Q501B						0.112***
Q501C						0.138***

续表

变量	模型 1	模型 2	模型 3	模型 4	模型 5	模型 6
$Q501D$						0.085 ***
$Q501F$						−0.089 **
$Q503B$						0.124 ***
$Q503C$						0.804 ***
$Q504B1$						−0.137 **
$Q504C1$						0.077
$Q504D1$						0.255 ***
$Q505$						0.067 **
$Q506$						0.082 ***

注：***、** 分别表示在 1%、5% 的水平上显著。

对其他的控制变量，与对全部样本进行回归得到了相似的结论，这也表明其他变量的影响相对稳定。

7.4.2 稳健性分析

为了验证回归结果的稳健性，本章通过三种方式进行验证：一是利用不同的模型进行回归；二是利用工具变量法；三是利用截取数据的方式进行验证。具体如下所述。

（1）序次 Probit、泊松回归方法。表 7.9 中的模型 7 和模型 8 分别给出了序次 Probit、泊松回归的结果。不同模型的回归结果均表明，城市电子公共服务水平促进了新生代高学历流动人口的迁移流动。其他的解释变量也得到了与序次 Logit 模型相似的结论，说明利用序次 Logit 模型得到的结果是稳健的。

表7.9 稳健性分析

变量	模型 7	模型 8	模型 9	模型 10
gov	0.091 ***	0.375 ***	0.677 ***	0.633 ***
控制变量	控制	控制	控制	控制变量
固定效应	控制	控制	控制	固定效应

注：*** 表示在1%的水平上显著。

（2）工具变量法。考虑到电子公共服务与新生代高学历流动人口迁移流动间可能存在相关性，模型9通过选择"双微"电子服务能力作为衡量城市电子公共服务水平的工具变量，得到了相似的结论。

（3）截取数据的回归。考虑到数据可能较大的差异性，通过剔除样本前1%与最后1%的数据来验证结论的稳健性。通过模型10可知，城市电子公共服务促进了新生代高学历流动人口的迁移流动。

7.4.3 异质性分析

从个体差异角度对新生代高学历流动人口分组进行研究，考察城市电子公共服务能力对新生代高学历流动人口迁移流动选择的异质性影响结果。

（1）性别、婚姻与户籍。

表7.10给出了城市电子公共服务水平对不同性别、不同婚姻状态与不同户籍的新生代高学历流动人口迁移流动选择的结果。模型11与模型12分性别研究了城市电子公共服务对新生代高学历流动人口迁移流动的影响。根据回归结果可知，城市电子服务能力提升对男性与女性的新生代高学历流动人口的迁移意愿都有显著的促进作用，同时电子服务水平提升对男性新生代高学历流动人口迁移意愿的影响更大，具体而言，电子服务水每提升1个单位，男性新生代高学历流动人口的迁移意愿增加0.684个单位，女性新生代高学

历流动人口迁移意愿增加 0.502 个单位。模型 13 与模型 14 考察了城市电子公共服务对不同婚姻状态的新生代高学历流动人口迁移意愿的影响，结果显示，城市电子服务能力对已婚新生代高学历流动人口的迁移意愿有显著的影响，但对未婚新生代高学历流动人口的影响作用不大，可能是单身新生代高学历流动人口由于搬迁成本较低，短期内对城市电子服务水平的敏感性较低。模型 15 与模型 16 考察了城市电子服务水平对非农业户口与农业户口新生代高学历流动人口迁移意愿的影响，结果表明，城市电子服务水平对农业与非农业户口新生代流动人口迁移意愿的影响显著为正，但是非农业户口新生代高学历流动人口的影响作用更大，城市电子服务水平每提升 1 个单位，非农业户口新生代高学历流动人口的迁移意愿增加 0.911 个单位，农业户口高学历新生代高学历流动人口的迁移意愿增加 0.330 个单位。

表 7.10 异质性检验——性别、婚姻与户籍

变量	模型 11（男）	模型 12（女）	模型 13（已婚）	模型 14（未婚）	模型 15（农业）	模型 16（非农业）
gov	0.684 ***	0.502 ***	0.958 ***	0.044	0.330 ***	0.911 ***
familynum	-0.042 **	0.007	-0.057 ***	0.046 *	-0.011	-0.036
gender			-0.300 ***	-0.022	-0.245 ***	-0.183 ***
age	0.021 ***	0.006	0.003	0.040 ***	0.021 ***	0.005
education	0.066 *	0.064 *	0.042	0.082 *	0.109 ***	0.018
hukou	0.322 ***	0.330 ***	0.378 ***	0.251 ***		
marriage	0.324 ***	0.639 ***			0.485 ***	0.542 ***
ln(income)	0.360 ***	0.300 ***	0.346 ****	0.260 ***	0.325 ***	0.331 ***
job	-0.008	0.038 ***	0.048 ***	-0.036 *	0.052 ***	0.009
ln(house)	0.026 ***	0.008	0.014 ***	0.023 ***	0.019 ***	0.012 *
house	0.728 ***	0.823 ***	0.783 ***	0.750 ***	0.770 ***	0.802 ***
totalcity	-0.041 ***	0.0001	-0.045 ***	0.003	-0.016	-0.040 ***
Q306	0.104 **	0.037	0.012	0.102 **	0.061	0.090 *

变量	模型 11（男）	模型 12（女）	模型 13（已婚）	模型 14（未婚）	模型 15（农业）	模型 16（非农业）
Q309	0.213 ***	0.179 ***	0.193 ***	0.182 ***	0.213 ***	0.173 ***
duziliudong	0.162 ***	0.172 ***	0.287 ***	-0.053 ***	0.152 ***	0.192 ***
migrant	0.014	0.177 ***	0.124 ***	0.066	0.070 *	0.145 ***
timeyear	0.040 ***	0.049 ***	0.038 ***	0.046 ***	0.044 ***	0.042 ***
migrantr	0.083 *	0.078 *	0.083 **	0.136 *	0.104 **	-0.017
health	0.174 ***	0.160 ***	0.116 **	0.267 ***	0.154 ***	0.187 ***
healthnow	0.046	0.047	-0.006	0.154 ***	0.060 *	0.027
Q501A	-0.076	-0.079	-0.097 **	-0.053	-0.042	-0.118 *
Q501B	0.168 ***	0.070	0.086 *	0.165 ***	0.118 **	0.109 **
Q501C	0.114 ***	0.169 ***	0.140 ***	0.143 ***	0.145 ***	0.133 ***
Q501D	0.071	0.094 *	0.060	0.144 ***	0.067	0.090 *
Q501F	0.030	-0.214 ***	-0.093 *	-0.089	-0.093	-0.090
Q503B	0.098 **	0.142 ***	0.120 **	0.126 ***	0.105 ***	0.151 ***
Q503C	0.825 ***	0.786 ***	0.811 ***	0.811 ***	0.797 ***	0.814 ***
Q504B1	-0.041	-0.217 **	-0.073	-0.214 **	0.002	-0.216 ***
Q504C1	0.080	0.071	0.106 *	0.042	0.366 ***	-0.019
Q504D1	0.276 ***	0.234 ***	0.243 ***	0.252 ***	0.286 ***	0.209 ***
Q505	0.051	0.071	0.062	0.061	0.066 *	0.047
Q506	0.299 ***	0.345 ***	0.342 ***	0.295 ***	0.253 ***	0.397 ***

注：*** 、** 、* 分别表示在 1%、5%、10%的水平上显著。

（2）工作性质与城市规模。

如表 7.11 所示，模型 17～模型 19 考察了城市电子服务水平对不同工作的新生代高学历流动人口迁移流动的影响，其中模型 17 对应的是白领人员。模型 18 对应的是商业服务业人员。模型 19 对应的是其他工作。结果表明，电子服务水平对不同职业的新生代高学历流动人口迁移意愿的影响显著为正，但是对从事其他工作的新生代高学历流动人口迁移意愿的影响作用更大。电子服务水平每提升 1 个单位，白领职业的新生代高学历流动人口的迁移意愿增加 0.480 个单位，从事商业服务业的新生代高学历流动人口迁移意愿增加 0.544 个单位，从事其他职业的新生代高学历流动人口迁移意愿增加 0.755 个单位。从结果来看，从事白领与商业服务业的新生代高学历流动人口工作相对稳定，但其他职业的新生代高学历流动人口对城市电子服务水平更敏感，这一批也是城市更想吸引的人口，应该更好地发挥电子服务能力的作用。

表 7.11　　　　　　　　异质性检验——工作性质与城市规模

变量	模型 17（白领）	模型 18（商业服务业）	模型 19（其他）	模型 20（超大城市）	模型 21（大城市）	模型 22（人口在 300 万人以内的城市）
gov	0.480 ***	0.544 ***	0.755 ***	0.398 *	0.048	0.366 **
familynum	−0.035	−0.008	−0.016	0.013	0.002	−0.019
gender	−0.211 ***	−0.148 ***	−0.289 ***	−0.281 ***	−0.104 **	−0.176 ***
age	0.028 ***	0.013 **	0.003	0.018 **	0.003	0.017 ***
education	0.029	0.123 ***	0.047	0.126 ***	0.036	0.007
hukou	0.319 ***	0.388 ***	0.274 *	0.335 ***	0.431 ***	0.232 ***
marriage	0.418 ***	0.478 ***	0.648 **	0.423 ***	0.685 ***	0.397 ***
$\ln(income)$	0.314 ***	0.366 ***	0.300 ****	0.337 ***	0.267 ***	0.218 ***
job				0.046 **	0.022	0.029 *
$\ln(house)$	0.032 ***	−0.005	0.019 **	−0.012	0.020 ***	0.025 ***
house	0.740 ***	0.704 ***	0.876 ***	1.231 ***	0.550 ***	0.757 ***
totalcity	−0.050 ***	0.0005	−0.050 **	−0.019	0.011	−0.028 **
Q306	0.063	0.079	0.040	0.076	0.157 ***	0.011
Q309	0.204 ***	0.191 ***	0.175 ***	0.143 ***	0.191 ***	0.297 ***
duziliudong	0.078	0.165 ***	0.238 ***	0.091	0.251 ***	0.084 *
migrant	0.066	0.051	0.213 ***	0.710 ***	−0.206 ***	−0.153 ***
timeyear	0.039 ***	0.043 ***	0.046 ***	0.064 ***	0.028 ***	0.027 ***

续表

变量	模型 17 （白领）	模型 18 （商业服务业）	模型 19 （其他）	模型 20 （超大城市）	模型 21 （大城市）	模型 22 （人口在 300 万人 以内的城市）
migrantr	− 0.109	0.115 **	− 0.027	− 0.085	0.027	0.028
health	0.194 ***	0.238 ***	0.061	0.252 ***	0.251 ***	0.090
healthnow	− 0.018	0.085 **	0.070	− 0.156 ***	0.219 ***	0.029
Q501A	− 0.036	− 0.078	− 0.126 *	0.040	− 0.104	− 0.063
Q501B	0.041	0.133 *	0.180 **	0.125	0.110	0.142 **
Q501C	0.108 **	0.170 ***	0.117	0.065	0.108 **	0.147 ***
Q501D	0.099 *	0.076	0.070	0.022	0.027	0.193 ***
Q501F	− 0.071	− 0.103	− 0.104 **	0.020	− 0.088	− 0.074
Q503B	0.090 **	0.132 ***	0.159 ***	0.259 ***	0.132 ***	0.006
Q503C	0.908 ***	0.748 ***	0.749 ***	0.729 ***	0.868 ***	0.783 ***
Q504B1	− 0.114	− 0.158 *	− 0.101	− 0.258 **	0.013	− 0.074
Q504C1	0.221 *	0.088	− 0.030	0.008	0.220 ***	0.055
Q504D1	0.221 ***	0.357 ***	0.162 ***	0.176 **	0.370 ***	0.178 ***
Q505	0.031	0.043	0.084	0.070	− 0.072	0.181 ***
Q506	0.438 ***	0.315 ***	0.195 ***	0.516 ***	0.202 ***	0.170 ***

注：***、**、*分别在 1%、5%、10%的水平上显著。

模型 20～模型 22 考察了城市电子服务水平对不同城市规模新生代高学历流动人口迁移意愿的影响差异，其中模型 20 是城区人口在 1000 万人以上的超大城市；模型 21 是城区人口数介于 300 万～1000 万人的大城市；模型 22 是城区人口在 300 万人以内的城市，电子服务水平对不同城市规模的新生代高学历流动人口迁移流动的影响不同。城市电子服务水平每提升 1 个单位，超大城市的新生代高学历流动人口的迁移意愿增加 0.398 个单位，大城市新生代高学历流动人口居留意愿增加 0.048 个单位，但影响不显著；城区人口在 300 万人以内的城市新生代高学历流动人口迁移意愿增加 0.366 个单位。

这说明新生代高学历人口在流动过程中会受到城市规模的影响，且城区人口在 300 万人以内城市的新生代高学历流动人口对城市电子服务水平更敏感。

7.4.4 机制分析

为了进一步研究城市电子服务能力影响新生代高学历流动人口居留意愿的机制，本章以科技人才作为中介变量，研究其影响机制。利用如下模型进行检验：

$$y_i = \alpha_i + \beta_1 city_i + \delta X_i + \varepsilon_i$$
$$keji_i = \alpha_i + \gamma city_i + \varphi X_i + \varepsilon_i$$
$$y_i = \alpha_i + \beta_2 city_i + \theta keji_i + \varphi X_i + \varepsilon_i \qquad (7-4)$$

其中，y_i 代表流动人口迁移意愿，$city_i$ 代表城市电子服务能力；$keji_i$ 代表城市科技人才占总人口的比例（%），X_i 为控制变量；α，β，δ，γ，ϕ，θ 为变量对应的系数，ε_i 为误差项。

索贝尔（Sobel，1982）构建了一个能够降低犯第一类与第二类错误概率的中介效应检验方法。具体为：（1）检验系数 β_1 是否显著，若是显著，则进行下一步，否则不存在中介效应。（2）β_1 显著，则依次检验系数 γ 与 θ，若是全部显著，则继续检验 β_2，若显著则中介效应显著，否则完全中介效应。若 γ 与 θ 至少有一个不显著，则进行 Sobel 检验，对应的统计量是 $Z = \gamma\theta/(\gamma^2 s_\gamma^2 + \theta^2 s_\theta^2)$，其中 s_γ^2 与 s_θ^2 是 γ 与 θ 的方差，当该值显著表明存在中介效应，且利用 $\gamma\theta/(\gamma\theta + \beta_2)$ 可以计算该中介值的大小。若是该统计量不显著，则中介效应不显著。模型 23 ~ 模型 25 以城市电子服务能力为核心解释变量，以科技人才占比作为中介变量，模型 26 ~ 模型 28 以双微电子服务能力作为核心解释变量（见表 7.12）。不管是利用总体城市电子公共服务水平还是双微电子公共服务水平作为核心解释变量，通过检验，β_1、γ 与 θ、β_2 都是显著的，这表明科技人才在城市电子公共服务水平影响新生代高学历流动人口迁移流动问题上存在中介效应，即，城市电子服务水平通过影响科技人才占比进而影响新生代高学历流动人口的迁移意愿。

表7.12 机制分析

变量	模型23	模型24（科技人才）	模型25	模型26	模型27（科技人才）	模型28
科技人才			0.129 ***			0.109 ***
gov	0.584 ***	3.082 ***	0.213 **	0.822 ***	3.196 ***	0.493 **
familynum	−0.022	−0.084 ***	−0.011	0.022	−0.075 ***	−0.014
gender	−0.217 ***	−0.165 ***	−0.198 ***	−0.213 ***	−0.149 **	−0.198 ***
age	0.013 ***	0.005 **	0.013 ***	0.015 ***	0.003	0.016 ***
education	0.065 **	0.123 ***	0.051 **	0.058 **	0.122	0.048 *
hukou	0.331 ***	0.001	0.333 ***	0.327 ***	−0.009	0.331 ***
marriage	0.506 ***	−0.020	0.510 ***	0.505 ***	0.007	0.506 ***
ln(income)	0.333 ***	0.410 ***	0.283 ***	0.327 ***	0.397 ***	0.285 ***
job	0.034 ***	−0.007	0.035 ***	0.041 ***	−0.002	0.041 ***
ln(house)	0.015 ***	−0.008 ***	0.015 ***	0.017 ***	−0.008 ***	0.017 ***
house	0.785 ***	−0.358 ***	0.831 ***	0.844 ***	−0.358 ***	0.883 ***
totalcity	−0.029 **	−0.050	−0.023 **	−0.022 **	−0.046	−0.018 *
Q306	0.066 **	−0.056 ***	0.073	0.068 **	−0.039 *	0.072 **
Q309	0.194 ***	−0.218 ***	0.223 ***	0.191 ***	−0.218 ***	0.215 ***
duziliudong	0.168 ***	0.020	0.167 ***	0.161 ***	0.022	0.159 ***
migrant	0.106 ***	0.780 ***	0.007	0.091 ***	0.695 ***	0.016
timeyear	0.043 ***	0.031 ***	0.040 ***	0.042 ***	0.026 ***	0.040 ***
migrantr	0.055 *	0.165 **	0.030	0.055	0.169 ***	0.033
health	0.171 ***	−0.034	0.173 ***	0.164 ***	−0.019	0.165 ***
healthnow	0.045 *	−0.003	0.046 *	0.033	0.014	0.032
Q501A	−0.075 **	−0.141 ***	−0.057	−0.063 *	−0.135 ***	−0.047
Q501B	0.113 ***	−0.078 ***	0.123 ***	0.117 ***	−0.086 ***	0.126 ***

变量	模型 23	模型 24 （科技人才）	模型 25	模型 26	模型 27 （科技人才）	模型 28
$Q501C$	0.137 **	0.067 ***	0.130 **	0.140 ***	0.073 ***	0.132 ***
$Q501D$	0.082 **	− 0.023	0.086 ***	0.077 **	− 0.028	0.081 **
$Q501F$	− 0.097 **	0.050 *	− 0.104 **	− 0.010 **	0.044	− 0.105 **
$Q503B$	0.125 **	0.033 *	0.122 **	0.130 ***	0.024	0.129 ***
$Q503C$	0.802 ***	0.061 ***	0.797 ***	0.795 ***	0.051 ***	0.791 ***
$Q504B1$	− 0.142 **	− 0.242 **	− 0.118 *	− 0.133 **	− 0.286 ***	− 0.108
$Q504C1$	0.074	− 0.103 ***	0.082	0.106 *	− 0.098 ***	0.112 **
$Q504D1$	0.255 ***	0.156 ***	0.233 ***	0.266 ***	0.158 ***	0.247 ***
$Q505$	0.065 **	0.081 ***	0.057 *	0.048	0.090 ***	0.041
$Q506$	0.316 ***	0.210 ***	0.292 ***	0.307 ***	0.183 ***	0.288 ***

注：***、**、* 分别表示在 1%、5%、10% 的水平上显著。

7.5 城市公共服务对中低学历流动人口迁移流动的实证研究

7.5.1 基准回归

通过 LASSO 方法，剔除了家庭同住成员数、因为工作流动、2016 年以来在本地参加过工会的活动、2016 年以来在本地参加过老乡会的活动、参加城镇居民医疗保险、参加公费医疗共六个变量，经过筛选后保留了剩下的变量进行实证分析。

利用序次 Logit 模型研究城市电子公共服务能力对新生代低学历流动人口的迁移流动的影响，表 7.13 给出了具体的回归结果。模型 1 中只考虑了城市电子公共服务能力对新生代低学历流动人口居留意愿的影响，模型 2 在模型 1 的基础上加入了流动人口的个体特征，模型 3 在模型 2 的基础上加入了收支水平，模型 4 在模型 3 的基础上加入了流动特征，模型 5 在模型 4 的基础上加入了健康状况，模型 6 在模型 5 的基础上加入了社会融合相关变量。结果显示，由模型 1 与模型 2 可知，政府电子公共服务并没有促进新生代中低学历流动人口的居留意愿；在模型中加入了收支水平、流动特征、健康状况等变量后，结果显示，城市电子公共服务能力水平越高，新生代低学历流动人口越可能在该城市居留。

表 7.13   基准回归结果

变量	模型 1	模型 2	模型 3	模型 4	模型 5	模型 6
gov	−0.021	−0.109**	0.167**	0.371***	0.342***	0.295***
party		0.194***	0.013****	0.119***	0.113***	0.083***
gender		−0.149***	−0.084***	−0.097***	−0.097***	−0.091***
age		0.030***	0.023***	0.012***	0.013***	0.004**
education		0.301***	0.192***	0.171***	0.168***	0.087***
hukou		0.406***	0.303***	0.271***	0.267***	0.191***
marriage		0.572***	0.234***	0.286***	0.281****	0.301***
ln(*income*)			0.376***	0.349***	0.345***	0.331***
job			0.019***	0.026***	0.028***	0.042***
ln(*houseexp*)			0.018***	0.016***	0.017***	0.012***
house			1.243***	1.039***	1.042***	0.936***
totalcity				−0.002	−0.004	0.010**
Q306				0.093***	0.088***	0.096***
Q309				0.312***	0.314***	0.238***
duziliudong				0.127***	0.128***	0.100***

续表

变量	模型 1	模型 2	模型 3	模型 4	模型 5	模型 6
migrant				−0.148 ***	−0.151 ***	−0.116 ***
timeyear				0.050 ***	0.050 ***	0.041 ***
health					0.150 ***	0.081 ***
healthnow					0.100 ***	0.095 ***
Q501B						0.132 ***
Q501C						0.081 ***
Q501E						0.087 **
Q501F						−0.056 *
Q503B						0.203 ***
Q503C						0.772 ***
Q504A1						−0.114 ***
Q504B1						−0.198 ***
Q504D1						0.281 ***
Q505						0.011
Q506						0.203 ***

注：*** 、** 、* 分别表示在 1%、5%、10% 的水平上显著。

基于模型对其他的控制变量，核心解释变量与高学历人口的影响是一致的。办理社保卡的影响作用不大，这也可能是由于低学历人口的迁移意愿较低，他们更希望以后回到原来的地方，所以社保卡的影响不显著。

7.5.2 稳健性分析

为了验证回归结果的稳健性，本章通过三种方式进行验证：一是利用不同的模型进行回归；二是利用工具变量法；三是利用截取数据的方式进行验证。具体如下所述。

（1）序次 Probit、泊松回归、最小二乘估计方法。表 7.14 中的模型 7 和模型 8 分别给出了序次 Probit、泊松回归的结果。不同模型的回归结果均表明，城市电子公共服务水平促进了新生代中低学历流动人口的迁移意愿。其他的解释变量也得到了与序次 Logit 模型相似的结论，说明利用序次 Logit 模型得到的结果是稳健的。

表 7.14 稳健性分析

变量	模型 7	模型 8	模型 9	模型 10
gov	0. 156 ***	0. 065 ***	0. 164 ***	0. 274 ***
控制变量	控制	控制	控制	控制变量
固定效应	控制	控制	控制	固定效应

注：*** 表示在 1% 的水平上显著。

（2）工具变量法。考虑到电子公共服务与新生代中低学历流动人口迁移意愿间可能存在相关性，同样地，选择"双微"电子服务能力衡量城市电子公共服务水平，得到了相似的结论。

（3）截取数据的回归。同样地，通过剔除样本前 1% 与最后 1% 的数据来验证结论的稳健性。通过模型 10 可知，城市电子公共服务促进了新生代中低学历流动人口的迁移流动。

7.5.3 异质性分析

本小节基于流动人口对城市电子公共服务水平的偏好相同的假设，从个体差异角度对新生代高学历流动人口分组进行研究，利用有序 Logit 回归模型考察城市电子公共服务能力对新生代高学历流动人口迁移流动选择的异质性影响结果。

（1）性别、婚姻与户籍。

表 7.15 给出了城市电子公共服务水平对不同性别、不同婚姻状态与不同户籍的新生代中低学历流动人口迁移流动选择的结果。模型 11 与模型 12 分性别研究了城市电子公共服务对新生代中低学历流动人口迁移流动的影响。根据回归结果得到，城市电子服务能力提升对男性与女性的迁移意愿都有显著的促进作用，同时电子服务水平提升对新生代中低学历男性流动人口居留意愿的影响更大，具体而言，电子服务水平每提升 1 个单位，男性新生代中低学历流动人口的迁移意愿增加 0.28 个单位，女性新生代中低学历流动人口的迁移意愿增加 0.24 个单位。模型 13 与模型 14 考察了城市电子公共服务对不同婚姻状态的新生代中低学历流动人口迁移意愿的影响，结果显示，城市电子服务能力对已婚新生代中低学历流动人口的迁移意愿有显著正的影响，但对未婚新生代中低学历流动人口的影响作用是负向的。模型 15 与模型 16 考察了城市电子服务水平对非农业户口与农业户口新生代中低学历流动人口迁移意愿的影响，结果表明，城市电子服务水平对农业户口与非农业户口新生代中低学历流动人口迁移意愿的影响显著为正，但是对非农业户口新生代中低学历流动人口的影响作用更大，电子服务水平每提升 1 个单位，非农业户口新生代中低学历流动人口的迁移意愿增加 0.89 个单位，农业户口高学历新生代中低学历流动人口的迁移意愿增加 0.19 个单位。

表 7.15 异质性检验——性别、婚姻与户籍

变量	模型 11（男）	模型 12（女）	模型 13（已婚）	模型 14（未婚）	模型 15（农业）	模型 16（非农业）
gov	0.280 ***	0.240 ***	0.460 ***	− 0.207 **	0.190 ***	0.890 ***
party	0.082 **	0.102 ***	0.022 ***	0.224 ***	0.069 **	0.186 **
gender			− 0.125 ***	− 0.017	− 0.102 ***	− 0.071 *

变量	模型 11（男）	模型 12（女）	模型 13（已婚）	模型 14（未婚）	模型 15（农业）	模型 16（非农业）
age	0.005 *	0.003	−0.001	0.015 ***	0.002	0.011 **
education	0.032 *	0.124 ***	0.140 ***	−0.104 ***	0.069 ***	0.182 ***
hukou	0.208 ***	0.171 ***	0.214 ***	0.100 **		
marriage	0.242 ***	0.356 ***			0.276 ***	0.415 ***
ln(income)	0.180 ***	0.269 ***	0.247 ****	0.147 ***	0.203 ***	0.361 ***
job	0.008	0.053 ***	0.051 ***	−0.002	0.043 ***	0.057 ***
ln(house)	0.022 ***	0.007	0.012 ***	0.014 ***	0.016 ***	−0.003
house	0.849 ***	1.010 ***	0.936 ***	0.921 ***	0.967 ***	0.852 ***
totalcity	0.003 ***	0.029 ***	0.008	0.012	0.014 ***	−0.011 ***
Q306	0.075 **	0.086 ***	0.097 ***	0.044	0.090 ***	0.026
Q309	0.224 ***	0.253 ***	0.231 ***	0.279 ***	0.223 ***	0.324 ***
duziliudong	0.033	0.173 ***	0.122 ***	0.012	0.109 ***	0.097 **
migrant	−0.120 ***	0.165 ***	−0.158 ***	−0.080 **	−0.163 ***	0.001
timeyear	0.040 ***	0.044 ***	0.041 ***	0.042 ***	0.044 ***	0.027 ***
health	0.128 ***	0.021	0.063 ***	0.090 *	0.093 ***	−0.090
healthnow	0.097 ***	0.091 ***	0.084 ***	0.130 ***	0.097 ***	0.069 *
Q501B	0.147 ***	0.138 ***	0.158 ***	0.137 **	0.115 ***	0.263 ***
Q501C	0.085 ***	0.079 ***	0.092 ***	0.061 *	0.073 ***	0.136 ***
Q501E	0.076	0.031	0.002	0.1265 ***	0.058	−0.026
Q501F	−0.059	−0.054 ***	−0.004	−0.099 *	−0.069 **	0.016
Q503B	0.207 **	0.190 ***	0.178 ***	0.261 ***	0.207 ***	0.142 ***
Q503C	0.753 ***	0.773 ***	0.769 ***	0.761 ***	0.762 ***	0.805 ***
Q504A1	−0.127 ***	−0.111 ***	−0.173 ***	−0.002 **	−0.119	−0.096 ***

变量	模型 11（男）	模型 12（女）	模型 13（已婚）	模型 14（未婚）	模型 15（农业）	模型 16（非农业）
$Q504B1$	− 0.199 ***	− 0.191 ***	− 0.242 ***	− 0.024	− 0.117 **	− 0.278 ***
$Q504D1$	0.263 ***	0.270 ***	0.281 ***	0.194 ***	0.276 ***	0.192 ***
$Q505$	− 0.019	0.027	0.020	− 0.038	0.017 *	− 0.070
$Q506$	0.208 ***	0.191 ***	0.178 ***	0.224 ***	0.188 ***	0.242 ***

注：*** 、** 、* 分别表示在 1%、5%、10% 的水平上显著。

（2）工作性质与党员。

如表 7.16 所示，模型 17～模型 20 考察了城市电子服务水平对不同工作的新生代中低学历流动人口迁移意愿的影响，其中模型 17 对应的是国家机关、企事业单位工作人员、公务员、专业技术人员等；模型 18 对应的是商业服务业人员；模型 19 对应的是生产运输等行业的就业人员；模型 20 对应的是其他工作的流动人口。结果表明，电子服务水平对不同职业的新生代中低学历流动人口迁移意愿的影响不同，对从事商业服务业的新生代中低学历流动人口迁移意愿的影响显著为正，虽然对国家机关、企事业单位工作人员、公务员、专业技术人员等的新生代中低学历流动人口迁移意愿的影响为正，但影响并不显著，这可能是由于中低学历的新生代流动人口从事这一类工作的人员较少，这类工作对流动人口的学历也有更高的要求，对从事除了上述两类工作外的其他工作的新生代中低学历流动人口的影响是负的，这也表明这类人口的工作相对不稳定，对城市电子公共服务不敏感。电子服务水平每提升 1 个单位，国家机关、企事业单位工作人员、公务员、专业技术人员等的新生代中低学历流动人口的迁移意愿增加 0.312 个单位，从事商业服务业的新生代中低学历流动人口迁移意愿增加 0.607 个单位，从事商业服务业的新生代中低学历流动人口迁移意愿增加更多，并且影响显著。对于新生代中低学历流动人口，商业服务业人员对城市电子服务水平更敏感，这一批中低学历的流动人口是城市需要留住的人口，应该更好地发挥电子服务能力的重要作用。

表 7.16　　　　　　　　　异质性检验——工作性质与是否党员

变量	模型 17 (job = 0)	模型 18 (job = 1)	模型 19 (job = 2)	模型 20 (其他)	模型 21 (党员或团员)	模型 22 (非党员 且非团员)
gov	0.312	0.607***	−0.280**	−0.057	−0.232	0.321**
Party	0.096	0.122***	0.085	−0.042		
gender	−0.121*	−0.104***	0.060***	−0.125***	−0.214***	−0.090***
age	0.008	0.005*	0.011**	−0.003	0.026***	0.002
education	0.046	0.057***	0.123***	0.093***	0.052	0.087***
hukou	0.148*	0.203***	0.158***	0.161***	0.264***	0.180***
marriage	0.515***	0.257***	0.209***	0.397***	0.188***	0.302***
ln(income)	0.280***	0.221***	0.279**	0.160***	0.198***	0.229***
job					0.023	0.048***
ln(house)	0.018***	0.012***	0.024**	−0.009	0.013	0.013***
house	1.026***	0.778***	1.152***	0.973***	0.918***	0.955***
totalcity	−0.010	0.014**	0.006	−0.017	0.018	0.010*
Q306	0.104	0.100***	0.080**	0.043	0.007***	0.094***
Q309	0.284***	0.215***	0.274***	0.202***	0.147**	0.250***
duziliudong	0.050	0.105***	−0.007	0.185***	0.119***	0.103***
migrant	−0.012	−0.110***	−0.192***	−0.109***	−0.205***	−0.135***
timeyear	0.037***	0.042***	0.040***	0.041***	0.038***	0.042***
health	0.097	0.092***	0.125**	0.010	0.041	0.070***
healthnow	0.065***	0.083***	0.099***	0.137***	0.015	0.100***
Q501B	0.187	0.163***	0.227***	−0.085	0.299***	0.112***
Q501C	−0.024	0.101***	0.050	0.131	0.067	0.082***

续表

变量	模型 17 ($job=0$)	模型 18 ($job=1$)	模型 19 ($job=2$)	模型 20 （其他）	模型 21 （党员或团员）	模型 22 （非党员 且非团员）
$Q501E$	− 0.030	0.065	− 0.100	0.119	0.072	0.045 ***
$Q501F$	− 0.079	− 0.021	− 0.140 **	− 0.017	− 0.109	− 0.051 *
$Q503B$	0.180 ***	0.195 ***	0.225 ***	0.166 ***	0.206 ***	0.197 ***
$Q503C$	0.768 ***	0.750 ***	0.760 ***	0.775 ***	0.825 ***	0.761 ***
$Q504A1$	0.031	− 0.138 *	− 0.030	− 0.170 ***	− 0.136 **	− 0.114 ***
$Q504B1$	0.112	− 0.263 ***	− 0.089	− 0.103	− 0.329 **	− 0.166 ***
$Q504D1$	0.176 **	0.500 ***	0.260 ***	0.174 **	0.303 ***	0.255 ***
$Q505$	− 0.041	− 0.063 ***	0.069 *	0.133 ***	− 0.050	0.012
$Q506$	0.248 ***	0.191 ***	0.246 ***	0.165 ***	0.205 ***	0.194 ***

注：***、**、* 分别表示在1%、5%、10%的水平上显著。

模型21和模型22考察了城市电子服务水平对是否是党员或者团员的新生代中低学历流动人口迁移意愿的影响差异，其中模型21对应的是党员或团员；模型22对应的是非党员且非团员。电子服务水平对是否是党员的新生代中低学历流动人口迁移意愿的影响不同。城市电子服务水平每提升1个单位，非党员的新生代中低学历流动人口的迁移意愿增加0.321个单位，但对党员或者团员的影响不显著，这主要是由于低学历流动人口以非党员为主。

7.6 本章小结

本章利用微观数据从城市电子公共服务能力的角度考察流动人口的迁移意愿，特别对高学历与一般学历的新生代流动人口的迁移意愿进行了研究。通过基准模型与多种稳健性检验都得到城市电子公共服务能力对不同群体的流动人口的迁移意愿存在差异，流动人口特别是新生代高学历流动人口倾向于向电子公共服务能力更好的城市迁移。其中，电子公共服务能力对其他工作、已婚人士、超大城市与人口在 300 万人以内城市、男性以及非农业户口的新生代高学历流动人口迁移意愿的影响作用更大。

通过 LASSO 方法选择变量后，将可能影响迁移意愿的变量分为个体特征、收支特征、健康特征及社会融合特征。具体包括以下结论。

流动人口、新生代高学历流动人口迁移意愿存在分化现象，高教育程度、已婚、女性、非农业户口、收入越多、自有住房以及房租支出越多、建立了健康档案、父母至少有一方有过流动经历、与户口迁到本地的同乡或者其他本地人来往较多、独自流动与本次流动时间越长、因为工作流动、跨省流动、参加过志愿者活动、参加过同学会、关注城市的变化、愿意融入本地生活、购买城镇居民保险、购买城镇职工医疗保险、办理了居住证或暂住证的新生代高学历流动人口更愿意选择向流入城市迁移。家庭同住成员数越多、参加城乡居民合作医疗的流动人口特别是新生代高学历流动人口的迁移意愿更低。

基于上述结论，为了促进流动人口的定居意愿，推进新型城镇化高质量发展，本章提出以下政策建议。

第一，重视我国城市电子公共服务能力的提升。在当前智慧城市建设背景下，城市公共服务模式及方式正在发生转变，城市电子服务已成为各城市关注的焦点。城市电子公共服务是智慧城市建设和发展的大脑，城市政务电子服务对新生代高学历流动人口的迁移意愿产生极大的影响力，各级政府应该更关注城市电子公共服务能力的提升，推动信息时代城市的高质量发展。

第二，地方政府有必要针对流动人口的群体异质性来提供"相对个性化""有针对性"的智能化公共服务，从而有效地引导人口流动。如针对年龄稍大且正值生育黄金期的群体，出台"生育三胎"智能便民化政策；针对教育程度偏高、经济收入偏高的群体，出台更多免费的在线学习图书馆 App 或小程序，出台更多的社区智能物业服务，丰富社区环境的植物多样性等，以此来提供高质量的生活环境，留住他们在当地生活工作的心；或者出台更多的省际一网通智能便民政务系统，缩小跨省超大城市群或都市圈内各省份之间的行政服务壁垒，以便利跨省流动人口在流入地的生活工作，以便吸引他们在流入地定居。另外，中国政府网站上宣传的北京"一门、一窗、一网、一号、一端"一体化服务，上海"一网、一云、一窗、三库、N 平台、多渠道"的服务支撑体系，浙江的"浙里办"App 等，这些有利于破除区域行政服务壁垒的智能政务服务有必要在全国范围推广，以便更好地服务省内流动群体。

第 8 章

中国人口流动的机制研究

8.1 城市规模"留人"机制

　　基于第 5 章的研究，要重视不同城市规模对流动人口迁移意愿的影响。为了促进流动人口在不同规模城市间的序次流动和合理分布，大城市需要在户籍制度改革方面突破思维定式，逐步序次地降低落户门槛或改变落户条件。政府应该更加关注中小城市的发展，中小城市政府要增加财政支出，在政府层面保障就业关联公共服务的充分供给。同时发展中小城市特有的产业，比如旅游业。中央政府应引导流动人口在不同规模城市间进行合理配置。中小城市也需要分类施策进行发展，对于都市圈内、潜力型中小城市，需要提升该城市的产业支撑能力及公共服务品质，引领人口实现就近城镇化；稳妥且有序调整我国城市市辖区规模与结构。

8.2 住房公积金"留人"机制

基于第 6 章的研究，缴纳住房公积金能够显著提高流动人口，特别是乡—城流动人口的迁移意愿。目前，流动人口特别是城—城流动人口缴纳住房公积金的比率仍然较低，应出台相关政策，鼓励流动人口缴纳公积金，提高住房公积金的覆盖范围，同时，实施更灵活的住房公积金使用政策，从而降低流动人口的购房成本，使其在流入城市安居乐业，有效推进新型城镇化的发展。缴纳住房公积金能够显著提升流动人口的迁移意愿，其根本原因在于住房公积金能够降低购房成本。从这个角度讲，应多措并举地发展廉租房、经济适用房等各类保障性住房，健全规范房屋租赁市场的各项制度，以多种形式解决流动人口"住"的问题。

8.3 公共服务"留人"机制

根据第 7 章的研究，城市电子公共服务能力对不同群体流动人口的迁移意愿存在差异，流动人口特别是新生代高学历流动人口倾向于向电子公共服务能力更好的城市迁移。基于研究结论，提出公共服务促进"留人"的机制政策研究。

重视我国城市电子公共服务能力的提升。在当前智慧城市建设背景下，城市公共服务模式及方式正在发生转变，城市电子服务已成为各城市关注的焦点。城市电子公共服务是智慧城市建设和发展的大脑，城市政务电子对新生代高学历流动人口的迁移意愿产生极大的影响力，各级政府应该更关注城市电子公共服务能力的提升，推动信息时代城市的高质量发展。

在就业方面，基于我国电子政务服务平台，为流动人口职业证书的考取提供信息。同时加大对流动人口的职业培训，保障流动人口的合法权益，让流动人口能有一技之长。

参 考 文 献

[1] 卞元超，吴利华，白俊红. 高铁开通、要素流动与区域经济差距 [J]. 财贸经济，2018，39（6）：147-161.

[2] 陈杰，中国住房公积金的制度困境与改革出路分析 [J]. 公共行政评论，2010（3）：91-118.

[3] 陈诗一，刘朝良，冯博. 资本配置效率、城市规模分布与福利分析 [J]. 经济研究，2019，54（2）：133-147.

[4] 陈咏媛. 新中国70年农村劳动力非农化转移：回顾与展望 [J]. 北京工业大学学报（社会科学版），2019，19（4）：18-28.

[5] 陈志光. 农业转移人口长期居留意愿研究 [J]. 山东师范大学学报（人文社会科学版），2016，61（4）：147-156.

[6] 程昌秀，史培军，宋长青，等. 地理大数据为地理复杂性研究提供新机遇 [J]. 地理学报，2018，73（8）：1397-1406.

[7] 邓楚雄，宋雄伟，谢炳庚，等. 基于百度贴吧数据的长江中游城市群城市网络联系分析 [J]. 地理研究，2018，37（6）：1181-1192.

[8] 邓建清，尹涛，周柳. 广州市高级人才现状、影响因素及对策探讨 [J]. 南方人口，2001，16（4）：29-33.

[9] 董昕. 住房支付能力与农业转移人口的持久性迁移意愿 [J]. 中国人口科学，2015，35（6）：91-99，128.

[10] 董艳梅，朱英明. 高铁建设能否重塑中国的经济空间布局——基于就

业、工资和经济增长的区域异质性视角 [J]. 中国工业经济, 2016 (10): 92-108.

[11] 段成荣, 邱玉鼎. 迁徙中国形态下人口流动最新趋势及治理转向 [J]. 中共中央党校（国家行政学院）学报, 2023, 27 (4): 118-129.

[12] 段成荣, 谢东虹, 吕利丹. 中国人口的迁移转变 [J]. 人口研究, 2019 (2): 12-20.

[13] 段成荣, 杨舸, 张斐, 等. 改革开放以来我国流动人口变动的九大趋势 [J]. 人口研究, 2008, 32 (6): 30-43.

[14] 段成荣. 我国的"流动人口"[J]. 西北人口, 1999 (1): 2-5.

[15] 范巧. 国家级新区劳动力转移效应与劳动力吸纳能力 [J]. 人口与经济, 2018 (2): 16-24.

[16] 封志明, 刘晓娜. 中国人口分布与经济发展空间一致性研究 [J]. 人口与经济, 2013 (2): 3-11.

[17] 封志明, 杨艳昭, 游珍, 等. 基于分县尺度的中国人口分布适宜度研究. 地理学报, 2014, 69 (6): 723-737.

[18] 傅十和, 洪俊杰. 企业规模、城市规模与集聚经济——对中国制造业企业普查数据的实证分析 [J]. 经济研究, 2008, 43 (11): 112-125.

[19] 高波, 陈健, 邹琳华. 区域房价差异、劳动力流动与产业升级 [J]. 经济研究, 2012, 47 (1): 66-79.

[20] 高波, 王文莉, 李祥. 预期、收入差距与中国城市房价租金"剪刀差"之谜 [J]. 经济研究, 2013, 48 (6): 100-112, 126.

[21] 高舒琦. 收缩城市的现象、概念与研究溯源 [J]. 国际城市规划, 2017, 32 (3): 50-58.

[22] 龚胜生, 谢海超, 陈发虎. 2200年来我国瘟疫灾害的时空变化及其与生存环境的关系 [J]. 中国科学: 地球科学, 2020, 50 (5): 719-722.

［23］顾朝林，蔡建明，张伟，等．中国大中城市流动人口迁移规律研究
　　　［J］．地理学报，1999，54（3）：204 - 212.

［24］顾澄龙，周应恒，严斌剑．住房公积金制度、房价与住房福利［J］．经
　　　济学（季刊），2015，15（1）：109 - 124.

［25］国务院．国家中长期人才发展规划纲要（2010 - 2020 年）［R/OL］．ht-
　　　tp：//www. gov. cn/jrzg/2010 - 06/06/content_1621777. htm.

［26］韩峰，李玉双．产业集聚、公共服务供给与城市规模扩张［J］．经济研
　　　究，2019，11：149 - 164.

［27］何炜．公共服务提供对劳动力流入地选择的影响——基于异质性劳动
　　　力视角［J］．财政研究，2020（3）：101 - 118.

［28］侯慧丽．城市公共服务的供给差异及其对人口流动的影响［J］．中国人
　　　口科学，2016（1）：118 - 125，128.

［29］侯慧丽．城市化进程中流入城市规模对流动人口生育意愿的影响［J］．
　　　人口与发展，2017，23（5）：42 - 48.

［30］侯建明，李晓刚．我国流动老年人口居留意愿及其影响因素分析［J］．
　　　人口学刊，2017（6）：62 - 70.

［31］黄春芳，韩清．长三角高铁运营与人口流动分布格局演进［J］．上海经
　　　济研究，2021（7）：39 - 54.

［32］黄祖辉，胡伟斌．中国农民工的演变轨迹与发展前瞻［J］．学术月刊，
　　　2019（3）：48 - 55.

［33］柯善咨，赵曜．产业结构、城市规模与中国城市生产率［J］．经济研究，
　　　2014，49（4）：76 - 88，115.

［34］李兵，郭冬梅，刘思勤．城市规模、人口结构与不可贸易品多样性——
　　　基于"大众点评网"的大数据分析［J］．经济研究，2019，54（1）：
　　　150 - 164.

［35］李伯华，宋月萍，齐嘉楠，等．中国流动人口生存发展状况报告——

基于重点地区流动人口监测试点调查 [J]. 人口研究, 2010, 34 (1)：
6 - 18.

[36] 李德仁, 邵振峰, 于文博, 等. 基于时空位置大数据的公共疫情防控
服务让城市更智慧 [J]. 武汉大学学报 (信息科学版), 2020, 45
(4)：475 - 487, 556.

[37] 李厚刚. 建国以来国家对于农村劳动力流动政策变迁 [J]. 理论月刊,
2012 (12)：168 - 173.

[38] 李军, 乔李民, 王加强, 等. 智慧政务框架下大数据共享的实现与应
用研究 [J]. 电子政务, 2019 (2)：34 - 44.

[39] 李尧. 教育公共服务、户籍歧视与流动人口居留意愿 [J]. 财政研究,
2020 (6)：92 - 104.

[40] 李颖慧, 李敬. 中国内陆开放实践：机制分析与经济增长效应 [J]. 重
庆工商大学学报 (社会科学版), 2019 (12)：1 - 13.

[41] 梁婧, 张庆华, 龚六堂. 城市规模与劳动生产率：中国城市规模是否
过小？——基于中国城市数据的研究 [J]. 经济学 (季刊), 2015, 14
(3)：1053 - 1072.

[42] 梁琦, 陈强远, 王如玉. 户籍改革、劳动力流动与城市层级体系优化
[J]. 中国社会科学, 2013 (12)：36 - 59.

[43] 梁泽, 王玥瑶, 孙福月, 梁琛瑜, 李双成. 我国城市新冠肺炎发病率
的地理分布格局：人口迁徙与社会经济因素的影响 [J]. 环境科学研
究, 2020 (7)：1571 - 1578.

[44] 林李月, 朱宇, 柯文前, 等. 基本公共服务对不同规模城市流动人口
居留意愿的影响效应 [J]. 2019, 74 (4)：737 - 752.

[45] 林李月, 朱宇, 许丽芳. 流动人口对流入地的环境感知及其对定居意
愿的影响——基于福州市的调查 [J]. 人文地理, 2016, 31 (1)：65 -
72.

[46] 林李月，朱宇. 中国城市流动人口户籍迁移意愿的空间格局及影响因素——基于2012年全国流动人口动态监测调查数据 [J]. 地理学报，2016，71 (10)：1696-1709.

[47] 刘金菊，陈卫. 中国人口的迁移转变——基于迁移率的考察 [J]. 人口与经济，2021 (1)：37-59.

[48] 刘立光，王金营. 流动人口城市长期居留意愿的理性选择 [J]. 人口学刊，2019，41 (3)：110-112.

[49] 刘丽巍. 我国住房公积金制度的现实挑战和发展方向 [J]. 宏观经济研究，2013 (11)：14-20.

[50] 刘乃全，宇畅，赵海涛. 流动人口城市公共服务获取与居留意愿：基于长三角地区的实证分析 [J]. 区域经济研究，2017 (6)：112-126.

[51] 刘楠楠. 地方公共品：三种需求表达机制效率的实证分析 [J]. 地方财政研究，2015 (3)：36-44.

[52] 刘沁萍，杨永春，田洪阵. 基于景观生态视角的兰州市城市化空间模式定量研究 [J]. 干旱区资源与环境，2013，27 (1)：47-52.

[53] 刘涛，曹广忠. 中国城市用地规模的影响因素分析——以2005年县级及以上城市为例 [J]. 资源科学，2011，33 (8)：1570-1577.

[54] 刘涛，陈思创，曹广忠. 流动人口的居留和落户意愿及其影响因素 [J]. 中国人口科学，2019 (3)：80-91，127-128.

[55] 刘涛，齐元静，曹广忠. 中国流动人口空间格局演变机制及城镇化效应——基于2000和2010年人口普查分县数据的分析 [J]. 地理学报，2015，70 (4)：567-581.

[56] 刘修岩，李松林. 房价、迁移摩擦与中国城市的规模分布——理论模型与结构式估计 [J]. 经济研究，2017，52 (7)：65-78.

[57] 刘勇政，李岩. 中国的高速铁路建设与城市经济增长 [J]. 金融研究，2017 (11)：18-33.

[58] 刘于琪，刘晔，李志刚. 中国城市新移民的定居意愿及其影响机制 [J]. 地理科学，2014，34（7）：780-787.

[59] 刘毓芸，徐现祥，肖泽凯. 劳动力跨方言流动的倒 U 型模式 [J]. 经济研究，2015（10）：134-146.

[60] 龙瀛，茅明睿，毛其智，等. 大数据时代的精细化城市模拟：方法、数据和案例 [J]. 人文地理，2014，29（3）：7-13.

[61] 陆巍戌. 大都市住房排斥与高学历新移民的社会流动 [D]. 上海：华东师范大学，2010.

[62] 罗文英，沈文伟. 长江三角洲城市群城市规模分布与经济规模分布的比较研究 [J]. 现代城市研究，2015（7）：58-62.

[63] 马侠. 中国城镇人口迁移 [M]. 北京：中国人口出版社，1994：17-20.

[64] 马小红，段成荣，郭静. 四种流动人口的比较研究 [J]. 中国人口科学，2014（5）：36-46.

[65] 缪根红，陈万明，唐朝永. 高技术企业人才聚集影响因素研究：以中国商用飞机有限公司为例 [J]. 科技管理研究，2013，33（10）：120-122，128.

[66] 聂晶鑫，刘合林. 中国人才流动的地域模式及空间分布格局研究 [J]. 地理科学，2018，38（12）：1979-1987.

[67] 潘静，陈广汉. 家庭决策、社会互动与劳动力流动 [J]. 经济评论，2014（3）：40-50.

[68] 潘士远，朱丹丹，徐恺. 中国城市过大抑或过小？——基于劳动力配置效率的视角 [J]. 经济研究，2018，53（9）：68-82.

[69] 裴韬，刘亚溪，郭思慧，等. 地理大数据挖掘的本质 [J]. 地理学报，2019，74（3）：586-598.

[70] 齐嘉楠. 流动人口离城意愿实证研究：基于北京、上海、广州三市调查的初步分析 [J]. 人口学刊，2014，36（5）：80-86.

[71] 谯珊. 从劝止到制止：20世纪50年代的"盲流"政策 [J]. 兰州学刊，2017 (12): 16 – 25.

[72] 秦立建，王震. 农民工城镇户籍转换意愿的影响因素分析 [J]. 中国人口科学，2014, 34 (5): 99 – 106.

[73] 任远，姚慧. 流动人口居留模式的变化和城市管理——基于对上海的研究 [J]. 人口研究，2007 (3): 71 – 78.

[74] 商俊峰. 加强流动人口的宏观调控，充分发挥流动人口在城市化中的作用 [J]. 中国人口科学，1996 (4): 27 – 33.

[75] 盛亦男. 流动人口居留意愿的影响效应及政策评价 [J]. 城市规划，2016, 40 (9): 67 – 74.

[76] 苏楚，杜宽旗. 创新驱动背景下 R&D 人才集聚影响因素及其空间溢出效应：以江苏省为例 [J]. 科技管理研究，2018, 38 (24): 96 – 102.

[77] 孙鹃娟，刘洋洋. 北京市农民工的群体特征及其留京意愿探讨 [J]. 北京社会科学，2015 (9): 76 – 80.

[78] 孙浦阳，张甜甜，姚树洁. 关税传导、国内运输成本与零售价格——基于高铁建设的理论与实证研究 [J]. 经济研究，2019, 54 (3): 135 – 149.

[79] 孙伟增，牛冬晓，万广华. 交通基础设施建设与产业结构升级——以高铁建设为例的实证分析 [J]. 管理世界，2022, 38 (3): 19 – 34.

[80] 孙友然，江歌，杨淼，等. 流动动因对农业转移人口定居意愿的影响研究——基于结构方程模型的研究 [J]. 华中科技大学学报（社会科学版），2015 (5): 129 – 136.

[81] 谈明洪，吕昌河. 以建成区面积表征的中国城市规模分布 [J]. 地理学报，2003 (2): 285 – 293.

[82] 唐宜红，俞峰，林发勤，等. 中国高铁、贸易成本与企业出口研究 [J]. 经济研究，2019, 54 (7): 158 – 173.

[83] 童玉芬，刘晖．京津冀高学历人口的空间集聚及影响因素分析 [J]．人口学刊，2018，229（40）：5-17.

[84] 童昀，马勇，刘军，等．大数据支持下的酒店业空间格局演进与预测：武汉案例 [J]．旅游学刊，2018，33（12）：76-87.

[85] 汪润泉，刘一伟．住房公积金能留住进城流动人口吗？——基于户籍差异视角的比较分析 [J]．人口与经济，2017（1）：22-34.

[86] 王春杨，兰宗敏，张超，等．高铁建设、人力资本迁移与区域创新 [J]．中国工业经济，2020（12）：102-120.

[87] 王桂新，陈冠春，魏星．城市农民工市民化意愿影响因素考察——以上海市为例 [J]．人口与发展，2010（2）：2-11.

[88] 王桂新，胡健．城市农民工社会保障与市民化意愿 [J]．人口学刊，2015，37（6）：45-55.

[89] 王桂新．新中国人口迁移70年：机制、过程与发展 [J]．中国人口科学，2019（5）：2-14，126.

[90] 王桂新等．迁移与发展——中国改革开放以来的实证 [M]．北京：科学出版社，2005：4.

[91] 王辉耀．人才战争：全球最稀缺资源的争夺战 [M]．北京：中信出版社，2009.

[92] 王俊，李佐军．拥挤效应、经济增长与最优城市规模 [J]．中国人口·资源与环境，2014，24（7）：45-51.

[93] 王敏，聂应德．农村公共产品需求偏好表达机制构建问题探析——以公共选择理论为视角 [J]．理论导刊，2015（4）：71-75.

[94] 王小鲁，夏小林．优化城市规模，推动经济增长 [J]．经济研究，1999（9）：22-29.

[95] 王小鲁．中国城市化路径与城市规模的经济学分析 [J]．经济研究，2010，45（10）：20-32.

[96] 王垚，年猛，王春华．产业结构、最优规模与中国城市化路径选择 [J]．经济学（季刊），2017，16（2）：441－462.

[97] 王雨飞，倪鹏飞．高速铁路影响下的经济增长溢出与区域空间优化 [J]．中国工业经济，2016（2）：21－36.

[98] 王玉君．农民工城市定居意愿研究：基于十二个城市问卷调查的实证 分析 [J]．人口研究，2013，37（4）：19－32.

[99] 魏万青．从职业发展到家庭完整性——基于稳定城市化分析视角的农 民工入户意愿研究 [J]．社会，2015（5）：196－217.

[100] 魏冶，修春亮，刘志敏，等．春运人口流动透视的转型期中国城市网 络结构 [J]．地理科学，2016（11）：1654－1660.

[101] 吴健生，刘浩，彭建，马琳．中国城市体系等级结构及其空间格局—— 基于 DMSP/OLS 夜间灯光数据的实证 [J]．地理学报，2014，69 （6）：759－770.

[102] 吴康，方创琳，赵渺希，等．京津城际高速铁路影响下的跨城流动空 间特征 [J]．地理学报，2013，68（2）：159－174.

[103] 吴雪萍，赵果庆．中国城市人口集聚分布——基于空间效应的研究 [J]．人文地理，2018，33（2）：130－137.

[104] 武荣伟，王若宇，刘晔，等．2000～2015 年中国高学历人才分布格局 及其影响机制 [J]．地理科学，2020，40（11）：1822－1830.

[105] 夏怡然，陆铭．城市间的"孟母三迁"——公共服务影响劳动力流向 的经验研究 [J]．管理世界，2015（10）：78－90.

[106] 肖昕茹．大城市高学历青年流动人口居住模式及其影响因素——以上 海市为例 [J]．人口与社会，2014，30（4）：33－38.

[107] 辛妍，Bio Diaspora．基于大数据的疫情扩散预测 [J]．新经济导刊，2014（11）：44－49.

[108] 徐茜，张体勤．基于城市环境的人才集聚研究 [J]．中国人口·资源

与环境, 2010, 20 (9): 171-174.

[109] 薛彩霞, 王录, 仓常飞. 中国城市流动人口时空特征及影响因素 [J]. 地域研究与开发, 2020, 39 (2): 157-162.

[110] 闫永涛, 冯长春. 中国城市规模分布实证研究 [J]. 城市问题, 2009 (5): 14-18.

[111] 杨菊华, 贺丹. 分异与融通: 欧美移民社会融合理论及对中国的启示 [J]. 江苏行政学院学报, 2017 (5): 72-80.

[112] 杨菊华. 从隔离、选择融入到融合: 流动人口社会融入问题的理论思考 [J]. 人口研究, 2009, 33 (1): 17-29.

[113] 杨菊华. 中国流动人口的社会融入研究 [J]. 中国社会科学, 2015 (2): 61-79, 203-204.

[114] 杨曦. 城市规模与城镇化、农民工市民化的经济效应: 基于城市生产率与宜居度差异的定量分析 [J]. 经济学 (季刊), 2017, 16 (4): 1601-1620.

[115] 杨晓军. 城市公共服务质量对人口流动的影响 [J]. 中国人口科学, 2017, 37 (2): 104-114.

[116] 杨雪, 魏洪英. 流动人口长期居留意愿的新特征及影响机制 [J]. 人口研究, 2017, 41 (5): 63-73.

[117] 杨宜勇. 有序恢复生产生活秩序 [N]. 人民日报, 2020-03-25 (9).

[118] 姚昕, 潘是英, 孙传旺. 城市规模、空间集聚与电力强度 [J]. 经济研究, 2017, 52 (11): 165-177.

[119] 叶鹏飞. 农民工的城市定居意愿研究: 基于七省 (区) 调查数据的实证分析 [J]. 社会, 2011, 31 (2): 153-169.

[120] 易嘉伟, 王楠, 千家乐, 等. 基于大数据的极端暴雨事件下城市道路交通及人群活动时空响应 [J]. 地理学报, 2020, 75 (3): 497-508.

[121] 张海峰, 林细细, 梁若冰, 兰嘉俊. 城市生态文明建设与新一代劳动

力流动——劳动力资源竞争的新视角［J］. 中国工业经济，2019
(4)：81-97.

［122］张建伟，杜德斌，姜海宁. 江苏省科技人才区域差异演变研究［J］.
地理科学，2011，31 (3)：378-384.

［123］张梦婷，俞峰，钟昌标，林发勤. 高铁网络、市场准入与企业生产率
［J］. 中国工业经济，2018 (5)：137-156.

［124］张庆五. 关于人口迁移与流动人口概念问题［J］. 人口研究，1988
(3)：17-18.

［125］张文宏，雷开春. 城市新移民社会融合的结构、现状与影响因素分析
［J］. 社会学研究，2008 (5)：117-141，244-245.

［126］张翼. 农民工"进城落户"意愿与中国近期城镇化道路的选择［J］.
中国人口科学，2011 (2)：14-26，111.

［127］张云飞. 统筹推进"美丽中国"建设和"健康中国"建设：基于防控
新型冠状病毒感染肺炎疫情阻击战的思考［J］. 福建师范大学学报
(哲学社会科学版)，2020 (2)：21-26，167.

［128］张展新，高文书，侯慧丽. 城乡分割、区域分割与城市外来人口社会
保障缺失——来自上海等五城市的证据［J］. 中国人口科学，2007
(6)：33-41，95.

［129］张治国，欧国立. 高铁网络、虹吸效应与城市群引资［J］. 经济问题，
2022 (2)：34-41，78.

［130］张忠国，吕斌. 市场经济条件下用经济分析的观点优化城市规模［J］.
经济地理，2005 (2)：215-218.

［131］甄峰，王波. "大数据"热潮下人文地理学研究的再思考［J］. 地理
研究，2015，34 (5)：803-811.

［132］郑小晴，胡章林. 将农民工纳入住房公积金制度保障体系的探讨［J］.
重庆大学学报 (社会科学版)，2008，14 (6)：34-38.

[133] 中国大百科全书编辑委员会. 中国大百科全书·地理学 [M]. 北京：中国大百科全书出版社，1990.

[134] 钟炜菁，王德. 基于居民行为周期特征的城市空间研究 [J]. 地理科学进展，2018，37（8）：1106–1118.

[135] 周海旺. 城市女性流动人口社会融入问题研究 [M]. 上海：上海社会科学院出版社，2013：20–25.

[136] 周皓. 流动人口社会融合的测量及理论思考 [J]. 人口研究，2012，36（3）：27–37.

[137] 周均旭，胡蓓，张西奎. 高科技产业集群人才吸引影响因素的分层研究 [J]. 科技进步与对策，2009，26（12）：141–144.

[138] 朱力. 论农民工阶层的城市适应 [J]. 江海学刊，2002（6）：82–88，206.

[139] 朱平翠. 城市高学历流动人口生存状况浅议——基于几次人口普查相关数据的一点思考 [J]. 农村经济与科技，2012，23（7）：53–54，52.

[140] 朱宇，余立，林李月，董洁霞. 两代流动人口在城镇定居意愿的代际延续和变化——基于福建省的调查 [J]. 人文地理，2012，27（3）：1–6，43.

[141] 朱宇. 户籍制度改革与流动人口在流入地的居留意愿及其制约机制 [J]. 南方人口，2004（3）：21–28.

[142] 祝仲坤. 农民工住房公积金制度的"困境摆脱" [J]. 改革，2016（7）：77–86.

[143] 祝仲坤. 住房公积金与新生代农民工居留意愿——基于流动人口动态监测调查的实证分析 [J]. 中国农村经济，2017（12）：33–48.

[144] Abadie A, Imbens G W. Matching on the Estimated Propensity Score [J]. Journal of the Econometric Society, 2016, 84 (2): 781–807.

[145] Alba R, Nee V. Remaking the American Mainstream: Assimilation and Contemporary Immigration [M]. Harvard University Press, 2003.

[146] Annell J, Terman F. What Does It Take to Make Them Stay?: How Place Satisfaction Relates to Willingness to Stay of the Creative Class [D]. Kristianstad: Kristianstad University, 2017: 1 – 80.

[147] Anselin L, Hudak S. Spatial Econometrics in Practice: A Review of Software Options [J]. Regional Science and Urban Economics, 1992, 22 (3): 509 – 536.

[148] Anselin L. Spatial Econometrics: Methods and Models [M]. Springer Dordrecht, 1988.

[149] Archer K, Williams A. L1 Penalized Continuation Ratio Models for Ordinal Response Prediction using High-Dimensional Datasets [J]. Statistics in Medicine, 2012, 31 (14): 1464 – 1474.

[150] Atack J, Bateman F, Haines M, Margo R. Did Railroads Induce or Follow Economic Growth?: Urbanization and Population Growth in the American Midwest, 1850 – 1860 [J]. Social Science History, 2010, 34 (2): 171 – 197.

[151] Baltagi B H, Bresson G, Pirotte A. Panel Unit Root Tests and Spatial Dependence [J]. Journal of Applied Econometrics, 2007, 22 (2): 339 – 360.

[152] Barry R, Pace R K. A Monte Carlo Estimator of the Log Determinant of Large Sparse Matrices [J]. Linear Algebra and Its Applications, 1999, 289: 41 – 54.

[153] Becker G S. Human Capital: A Theoretical and Empirical Analysis, with Special Reference to Education, Second Edition [M]. NBER Books, National Bureau of Economic Research, Inc, 1975.

[154] Benjamin F. Trade Integration, Market Size, and Industrialization: Evidence from China's National Trunk Highway System [J]. The Review of Economic Studies, 2014, 81 (3): 1046 – 1070.

[155] Bogue D J. Components of Population Change 1940 – 1950: Estimates of Net Migration and Natural Increase for Each Standard Metropolitan Area and State Economic Area [J]. Population, 1958, 13: 328 – 328.

[156] Chen C, Legates R, Zhao M, Fang C H. The Changing Rural-Urban Divide in China's Mega-Cities [J]. Cities, 2018, 81: 81 – 90.

[157] Chen C. Science Mapping: A Systematic Review of the Literature [J]. Journal of Data and Information Science, 2017, 2 (2): 1 – 40.

[158] Chen J, Wang W. Economic Incentives and Settlement Intentions of Rural Migrants: Evidence from China [J]. Journal of Urban Affairs, 2019, 41: 3, 372 – 389.

[159] Chen J, Zhou Q. City Size and Urban Labor Productivity in China: New Evidence from Spatial City-Level Panel Data Analysis [J]. Economic Systems, 2017, 41 (2): 165 – 178.

[160] Dahlberg M, Matias Eklöf, Fredriksson P, Jordi J. Estimating Preferences for Local Public Services Using Migration Data [J]. Urban Studies, 2012, 49 (2): 319 – 336.

[161] Elhorst J P. Serial and Spatial Autocorrelation [J]. Economics Letters, 2008a, 100 (3): 422 – 424.

[162] Elhorst J P. The Mystery of Regional Unemployment Differentials: Theoretical and Empirical Explanations [J]. Journal of Economic Surveys, 2003, 17: 709 – 748.

[163] Emilio O, Elena L, Andrés M. Territorial Cohesion Impacts of High-Speed Rail at Different Planning Levels [J]. Journal of Transport Geography,

2012, 24: 130 – 141.

[164] Esenwein R I. Population Redistribution and Economic Growth, United States 1870 – 1950 [J]. Jahrbücher Für Nationalökonomie Und Statistik, 1964, 176 (1): 150 – 155.

[165] Fan C C. Settlement Intention and Split Households: Findings from a Survey of Migrants in Beijing's Urban Villages [J]. The China Review, 2011, 11 (2): 11 – 42.

[166] Fan J, Li R. Variable Selection via Nonconcave Penalized Likelihood and Its Oracle Properties [J]. Journal of the American Statistical Association, 2001, 96: 1348 – 1360.

[167] Fingleton B. Spatial Autoregression [J]. Geographical Analysis, 2009, 41 (4): 385 – 391.

[168] Frick S A, Rodríguez-Pose A. Change in Urban Concentration and Economic Growth [J]. World Development, 2018, 105: 156 – 170.

[169] Fu Y, Gabriel S A. Labor Migration, Human Capital Agglomeration and Regional Development in China [J]. Regional Science & Urban Economics, 2012, 42 (3): 473 – 484.

[170] Ginsberg J, Mohebbi M H, Patel R S, Brammer L, Smolinski M S, Brilliant L. Detecting Influenza Epidemics Using Search Engine Query Data [J]. Nature, 2009, 457 (7232): 1012 – 1014.

[171] Glaeser E L. Triumph of the City [M]. New York: Penguin Press, 2010.

[172] Graves P E. A Reexamination of Migration, Economic Opportunity, and the Quality of Life [J]. Journal of Regional Science, 1976, 16 (1): 107 – 112.

[173] Greenwood M J. Research on Internal Migration in the United States: A Survey [J]. Journal of Economic Literature, 1975, 13 (2): 397 – 433.

[174] Griffith D A, Lagona F. On the Quality of Likelihood-Based Estimators in Spatial Autoregressive Models When the Data Dependence Structure Is Misspecified [J]. Journal of Statistical Planning and Inference, 1998, 69 (1): 153 – 174.

[175] Gu H Y, Liu Z L, Shen TY, Meng X. Modelling Interprovincial Migration in China from 1995 to 2015 Based on an Eigenvector Spatial Filtering Negative Binomial Model [J]. Polulation, Sapce and Place, 2019, 25 (8): e2253.

[176] Gu H Y, Meng X, Shen T Y, Wen L G. China's Highly Educated Talents in 2015: Patterns, Determinants and Spatial Spillover Effects [J]. Applied Spatial Analysis and Policy, 2020, 13: 631 – 648.

[177] Gu H Y. Understanding the Migration of Highly and Less-Educated Labourers in Post-Reform China [J]. Applied Geography, 2021, 137: 102605.

[178] Halleck Vega S, Elhorst JP. On Spatial Econometric Models, Spillover Effects, and W. University of Groningen, Working paper, 2012.

[179] Han L B, Lu M. Housing Prices and Investment: An Assessment of China's Inland-Favoring Land Supply Policies [J]. Journal of the Asia Pacific Economy, 2017, 22 (1): 106 – 121.

[180] Harris J R, Todaro M P. Migration, Unemployment & Development: A Two-Sector Analysis [J]. American Economic Review, 1970, 60 (1): 126 – 142.

[181] He C Y, Liu Z F, Tian J, Ma Q. Urban Expansion Dynamics and Natural Habitat Loss in China: A Multiscale Landscape Perspective [J]. Global Change Biology, 2014, 20 (9): 2886 – 2902.

[182] Henderson J V. How Migration Restrictions Limit Agglomeration and Productivity in China [J]. Journal of Development Economics, 2006, 80 (2):

350 – 388.

[183] Herberle R. The Cause of Rural-Urban Migration: A Survey of German Theories [J]. American Journal of Sociology, 1938, 43 (6): 932 –950.

[184] Hirschman C. America's Melting Pot Reconsidered [J]. Annual Review of Sociology, 1983, 9: 397 –423.

[185] Huang X, Dijst M, Weesep W J, Jiao Y X, Sun Y. Residential Choice among Rural-urban Migrants after Hukou Reform: Evidence from Suzhou, China [J]. Population, Space and Place, 2017, 23 (4): 2035 –2052.

[186] Konstantin B, Stephan K. Fast Track to Growth? Railway Access, Population Growth and Local Displacement in 19th Century Switzerland [J]. Journal of Economic Geography, 2020, 20 (1): 155 –195.

[187] Kraemer M U G, Yang C H, Gutierrez B, et al. The Effect of Human Mobility and Control Measures on the COVID – 19 Epidemic in China [J]. Science, 2020, 368 (6490): 493 –497.

[188] Krugman P. Increasing Returns and Economic Geography [J]. Journal of Political Economy, 1991, 99 (3): 483 –499.

[189] Lai S, Ruktanonchai N W, Zhou L, et al. Effect of Non-pharmaceutical Interventions to Contain COVID – 19 in China [J]. Nature, 2020, 585: 410 –413.

[190] Lee E S. A Theory of Migration [J]. Demography, 1966, 3 (1): 47 – 57.

[191] Lee L F, Yu J. A Spatial Dynamic Panel Data Model with Both Time and Individual Fixed Effects [J]. Econometric Theory, 2010a, 26: 564 – 597.

[192] LeSage J, Pace R K. Introduction to Spatial Econometrics [M]. New York: Chapman and Hall/CRC, 2009.

[193] Lewis W A. Economic Development with Unlimited Supplies of Labour [D]. The Manchester School, 1954: 139 – 191.

[194] Li X, Rudolph A E, Mennis J. Association Between Population Mobility Reductions and New COVID – 19 Diagnoses in the United States Along the Urban-Rural Gradient, February ~ April, 2020 [J]. Preventing Chronic Disease, 2020 (17): 1 – 4.

[195] Liu H M, Fang C L, Fang K. Coupled Human and Natural Cube: A Novel Framework for Analyzing the Multiple Interactions between Humans and Nature [J]. Journal of Geographical Sciences, 2020, 30 (3): 355 – 377.

[196] Liu Y, Shen J F. Jobs or Amenities? Location Choices of Interprovincial Skilled Migrants in China, 2000 – 2005 [J]. Population, Space and Place, 2014, 20 (7): 592 – 605.

[197] Liu Y, Shen J F. Spatial Patterns and Determinants of Skilled Internal Migration in China, 2000 – 2005 [J]. Papers in Regional Science, 2014, 93 (4): 749 – 771.

[198] Machado S, Goldenberg S. Sharpening Our Public Health Lens: Advancing Im/migrant Health Equity during COVID – 19 and beyond [J]. International Journal for Equity in Health, 2021 (1): 57.

[199] Masahisa F, Paul K. When is the Economy Monocentric?: von Thünen and Chamberlin Unified [J]. Regional Science and Urban Economics, 1995, 25 (4): 505 – 528.

[200] Massey D S, Arango J, Hugo G, Kouaouci A K, Pellegrino A, Je T. Theories of International Migration: A Review and Appraisal [J]. Population and Development Review, 1993, 19: 431 – 466.

[201] Mayer T, Trevien C. The Impact of Urban Public Transportation Evidence from the Paris Region [J]. Journal of Urban Economics, 2017, 102:

1 – 21.

[202] Mincer J. Family Migration Decisions [J]. Journal of Political Economy, 1978, 86 (5): 749 – 773.

[203] Mood A M, Graybill F A, Boes D C. Introduction to the Theory of Statistics, 3rd Edition [M]. McGraw-Hill College, 1974.

[204] Mukhra R, Krishan K, Kanchan T. COVID – 19 Sets off Mass Migration in India [J]. Archives of Medical Research, 2020, 51 (7): 736 – 738.

[205] Mutl J. Dynamic Panel Data Models with Spatially Correlated Disturbances [D]. PhD Thesis, University of Maryland, College Park, 2006.

[206] Northam R. Urban Geography (2nd ed.) [M]. John Wiley, New York, 1979.

[207] Ord J K G. The Analysis of Spatial Association by Use of Distance Statistics [J]. Geographical Analysis, 1992, 24 (3): 189 – 206.

[208] Oswalt P, Rieniets T. Atlas of Shrinking Cities [M]. Ostfildern, Germany: Hatje Cantz Verlag, 2006: 2 – 11.

[209] Pace R K, Barry R. Sparse Spatial Autoregressions [J]. Statistics & Probability Letters, 1997, 33 (3): 291 – 297.

[210] Pinkse J, Slade M E. Contracting in Space: An Application of Spatial Statistics to Discrete-Choice Models [J]. Journal of Econometrics, 1998, 85 (1): 125 – 154.

[211] Piore M J. Birds of Passage: Migrant Labour in Industrial Societies [M]. Cambridge University Press, Cambridge, 1979.

[212] Polgreen P M, Chen Y L, Pennock D M, Nelson F D, Weinstein R A. Using Internet Searches for Influenza Surveillance [J]. Clinical Infectious Diseases, 2008, 47 (11): 1443 – 1448.

[213] Quigley J M. Consumer Choice of Dweling, Neighborhood and Public Serv-

ices [J]. Regional Science and Urban Economics, 1985, 15: 41 – 63.

[214] Rapaport C. Housing Demand and Community Choice An Empirical Analysis [J]. Journal of Urban Economics, 1997, 28: 243 – 260.

[215] Ravenstein E G. The Laws of Migration [J]. Journal of the Statistic Society, 1976, 151 (2): 289 – 291.

[216] Rosenbaum P R, Rubin D B. The Central Role of the Propensity Score in Observational Studies for Causal Effects [J]. Biometrica, 1983, 70: 41 – 55.

[217] Sarafidis V, Wansbeek T T J. Cross-Sectional Dependence in Panel Data Analysis [J]. Econometric Reviews, 2012, 31 (5), 483 – 531.

[218] Schultz T W. Investment inHuman Capital [J]. American Economic Review, 1961, 51: 1 – 17.

[219] Shao X F. A Self-Normalized Approach to Confidence Interval Construction in Time Series [J]. Journal of the Royal Statistical Society: Series B (Statistical Methodology), 2010, 72 (3): 343 – 366.

[220] Song Y. What Should Economists Know about the Current Chinese Hukou System? [J]. China Economic Review, 2014, 29: 200 – 212.

[221] Stark O, Bloom D E. The New Economics of Labor Migration [J]. American Economic Review, 1985, 75 (2): 173 – 178.

[222] Stark, O, Taylor J E. Migration Incentives, Migration Types-The Role of Relative Deprivation [J]. Economic Journal, 1991, 101 (408): 1163 – 1178.

[223] Sterne J A C, Egger M. Regression Methods to Detect Publication and other Bias in Meta-Analysis [M]. John Wiley & Sons, 2005.

[224] Su L, Yang Z. QML Estimation of Dynamic Panel Data Models with Spatial Errors [J]. Journal of Econometrics, 2015, 185: 230 – 258.

[225] Tang M, Coulson N E. The Impact of China's Housing Provident Fund on Homeownership, Housing Consumption and Housing Investment [J]. Regional Science & Urban Economics, 2016, 46 (6): 25 –37.

[226] Thomas B. Population Redistribution and Economic Growth, United States 1870 – 1950. Volume II : Analyses of Economic Change [J]. The Economic Journal, 1961, 71 (281): 410 –411.

[227] Tibshirani R. Regression Shrinkage and Selectionvia the Lasso [J]. Journal of the Royal Statistical Society: Series B (Methodological), 1996, 58 (1): 267 –288.

[228] Tiebout C M. A Pure Theory of Local Expenditures [J]. Journal of Political Economy, 1956, 64 (5): 416 –424.

[229] Todaro M P. A Model of Labor Migration and Urban Unemployment in Less Developed Countries. American Economic Review, 1969, 59 (1): 138 – 148.

[230] Tolley G and Crihfield J. City Size and Place as Policy Issues [J]. Handbook of Regional and Urban Economics, 1987, 2: 1285 –1311.

[231] Wu F. Neighborhood Attachment, Social Participation, and Willingness to Stay in China's Low-Income Communities [J]. Urban Affairs Review, 2012, 48 (4): 547 –570.

[232] Yu J, Jong R de, Lee L F. Quasi-Maximum Likelihood Estimators for Spatial Dynamic Panel Data with Fixed Effects When Both N and T are Large [J]. Journal of Econometrics, 2008, 146 (1): 118 –134.

[233] Yu J, Jong R de, Lee L F. Estimation for Spatial Dynamic Panel Data with Fixed Effects: The Case of Spatial Cointegration [J]. Journal of Econometrics, 2012, 167: 16 –37.

[234] Yu Z L, Zhang H, Tao Z L, Liang J S. Amenities, Economic Opportuni-

ties and Patterns of Migration at the City Level in China [J]. Asian and Pacific Migration Journal, 2019, 28 (1): 3 – 27.

[235] Zhang L, Hui C M, Wen H. Housing Price-Volume Dynamics under the Regulation Policy: Difference between Chinese Coastal and Inland Cities [J]. Habitat International, 2015, 47: 29 – 40.

[236] Zhang Y Z, Bambrick H, Mengersen K, et al. Using Big Data to Predict Pertussis Infections in Jinan City, China: A Time Series Analysis [J]. International Journal of Biometeorology, 2020, 64 (1): 95 – 104.

[237] Zhu Y, Chen W Z. The Settlement Intention of China's Floating Population in the Cities: Recent Changes and Multifaceted Individual-Level Determinants [J]. Polulation, Sapce and Place, 2010, 16 (4): 253 – 267.

[238] Zhu Y. China's Floating Population and Their Settlement Intention in the Cities: Beyond the Hukou Reform [J]. Habitat International, 2007, 31 (1): 65 – 76.